ORGANISATION PÉDAGOGIQUE
DES ÉCOLES PRIMAIRES ÉLÉMENTAIRES

Répartition Mensuelle

DES

MATIÈRES DU PROGRAMME

Accompagnée de Conseils Pratiques sur l'Enseignement de chacune d'elles

PAR UN GROUPE D'INSTITUTEURS

SOUS LA DIRECTION

de **M. STAL,** *Inspecteur primaire*

AMIENS
LIBRAIRIE POIRÉ-CHOQUET
5, RUE AU LIN, 5

1899

LIBRAIRIE
POIRÉ-CHOQUET

5, RUE AU LIN, 5 — AMIENS

FOURNISSEUR-ADJUDICATAIRE

DU DÉPARTEMENT DE LA SOMME, DES ÉCOLES DE LA VILLE D'AMIENS, DU LYCÉE
ET DES ÉCOLES NORMALES

Mobilier scolaire – Matériel d'enseignement – Ouvrages de Bibliothèques

LIVRES CLASSIQUES PRATIQUES ET A BON MARCHÉ
Collection POIRÉ-CHOQUET

ADOPTÉE DANS UN GRAND NOMBRE DE DÉPARTEMENTS, EN ALGÉRIE ET AU TONKIN

Toutes les personnes qui connaissent l'école primaire ont souvent constaté qu'après bien des efforts, et du Maître et de l'élève, pour l'étude, la récitation et l'explication des leçons, il ne reste, au bout des quelques années de scolarité, qu'une bien faible somme de connaissances vraiment acquises. Et nous avons entendu déplorer plus d'une fois l'erreur des auteurs et des éditeurs qui semblent prendre à tâche de grossir leurs ouvrages et de les rendre de plus en plus compacts. Ils oublient sans doute que nous ne sommes plus au temps où l'enfant n'avait pour tout professeur que son livre. Aujourd'hui, les Instituteurs et les Institutrices font réellement la leçon, donnent les détails et les explications : dès lors il est absolument inutile que la leçon du maître se trouve *in extenso* dans le livre de l'élève.

Le rôle du livre, avec les méthodes actuelles d'enseignement, doit être : 1° de donner à l'élève la substance, le résumé de la leçon du Maître, ce qui doit être appris par cœur et gravé dans la mémoire si l'on veut que la leçon ne se borne pas à une impression momentanée et fugitive ; 2° de dispenser le Maître de faire et de dicter aux élèves les résumés de ses leçons, procédé qui a été, à juste titre, condamné par M. l'Inspecteur d'Académie de la Somme : *« On écrit trop aujourd'hui dans toutes les écoles, pourquoi, après avoir abusé du livre, n'en plus user du tout ? Pourquoi perdre le temps à écrire ce qu'on trouve dans les bons livres qu'on a sous la main.* (Signé : ALLIAUD.)

Telles sont les considérations qui nous ont guidé lorsque nous avons entrepris la série de nos petits résumés classiques. Le bon accueil qui leur a été fait par Messieurs les instituteurs et Mesdames les institutrices est la meilleure preuve que nous ne nous étions pas trompé.

Le prix peu élevé de ces ouvrages (0,35) permet de les introduire en nombre suffisant dans l'école sans grever le budget de la Caisse des Ecoles ou celui des parents.

Il est à peine besoin d'ajouter que ces petits livres, ayant pour auteurs des Inspecteurs ou des Instituteurs, sont pratiques, c'est-à-dire absolument conformes aux programmes et, malgré leur concision, parfaitement clairs et exacts.

Nous savons que nous pouvons compter sur la parole des Maîtres et des Maîtresses pour les développer, les commenter et les vivifier.

L'expérience aujourd'hui faite nous autorise à affirmer que l'élève qui possèdera bien le contenu de notre petite collection pourra subir avec succès les examens du Certificat d'études primaires et quittera l'école avec une instruction simple mais suffisante et bien coordonnée. (Note de l'Editeur).

POUR LES PETITS

Dans les *Écoles à un seul maître*, les Instituteurs et les Institutrices, malgré tout leur zèle, n'ont pas toujours le temps de s'occuper comme ils le désireraient du groupe si intéressant des jeunes élèves, des Cours *préparatoire et élémentaire (1re année)*.

C'est à eux spécialement que nous dédions la *Méthode pratique de Lecture et Écriture* de M. STAL ; les *Cahiers du Cours enfantin* de MM. CHATEAUX et LEGRAND ; les *Carnets de Devoirs pour les petits* de MM. CARTON et LEGRAND et le *Vocabulaire du Petit Écolier* de E. DESJARDINS.

(Pour les prix : voir le catalogue).

L'expérience faite dans un très grand nombre d'écoles nous permet d'affirmer, avec la certitude la plus absolue, qu'avec l'aide de ces ouvrages, les Maîtres et les Maîtresses des écoles rurales, tout en réservant la plus grande partie de leur temps à leurs premières divisions, verront leurs petits élèves s'occuper utilement et faire de rapides progrès.

Ces ouvrages, et spécialement les *Cahiers du Cours enfantin*, sont aussi employés avec succès dans la première division des *Écoles maternelles*.

Ajoutons que plusieurs Directeurs de grandes écoles nous ont assuré que ceux de leurs maîtres placés à la tête des petites classes trouvent dans l'emploi des *Cahiers de Cours enfantin* et des *Carnets de Devoirs* une aide puissante et un guide sûr et pratique qui leur évite bien des tâtonnements.

Bibliothèques Scolaires ou Populaires

En notre qualité de Fournisseur-Adjudicataire du Département de la Somme, nous avons toujours en magasin un grand choix d'ouvrages pour *Bibliothèques scolaires ou populaires* et, notamment, la plupart des livres portés au catalogue officiel du Département ou à celui du Ministère.

Conditions spéciales : Les ouvrages sont fournis brochés avec une remise de **20 %** ou reliés toile verte avec remise 4 %.

Pour les ouvrages dont le prix fort est inférieur à 1 fr. 25, la reliure est comptée à part.

Envoi franco port et emballage à partir de 20 fr. pour la Somme, de 30 fr. pour les Départements limitrophes et de 50 fr. pour les autres Départements.

NOTA. — Les imprimés spéciaux pour demandes à faire approuver par MM. les Inspecteurs, sont envoyés gratuitement sur demande.

Prière de joindre aux demandes d'ouvrages de Bibliothèque une liste supplémentaire, pour le cas où certains ouvrages seraient épuisés ou en réimpression.

PUBLICATIONS

de la Librairie Classique POIRÉ-CHOQUET [1]
Rue au Lin, 5, à AMIENS

Le Vocabulaire du petit écolier, par E. DESJARDINS.... 0 fr. 60

Méthode de Lecture, par J. STAL. Insp. prim. (1er livret). 0 fr. 30
— — — — — (2e livret). 0 40

Tableaux de la Méthode (16 grands tableaux en deux couleurs) en feuilles .... 6 » »
Tableaux de la Méthode sur 8 forts cartons avec œillets 10 » »
Appareil de suspension .... 2 » »

Résumés des Leçons de morale et d'instruction civique à l'Ecole primaire, par S. A. NONUS. (4e Edition), revue par E.-P. PORCHER, Inspecteur primaire.................... 0 fr. 35
Le même ouvrage (Edition spéciale aux Ecoles de Filles) .. 0 35

Simples résumés d'Histoire de France, par J. CAULLE, Inspecteur primaire et R. MATHON, Instituteur. (3e Edition).............. 0 fr. 35

Simples résumés de Sciences physiques et naturelles, par J. CAULLE et R. MATHON. (Nouvelle édition illustrée, conforme au programme de 1898).................... 0 fr. 35

Résumés, Expériences et Rédactions d'agriculture et d'horticulture à l'Ecole primaire. (Cours moyen et supérieur), par MM. JACQUIER et THOURY. (Nouvelle édition illustrée, conforme au programme de 1898.................... 0 fr. 35

Cours de Dessin, à l'usage des élèves du Cours supérieur et des candidats au Brevet de capacité, par M. GÉMONET, Professeur de dessin 2 fr. 50
Planches murales des figures contenues dans le Cours de Dessin (en 44 feuilles raisin).................... 8 » »
La collection des 44 planches sur 22 cartons forts .... 15 » »

Appareil de suspension.................... 2 » »
Le Dessin d'après le relief à l'Ecole primaire, collection de 12 modèles en plâtre et de grandes dimensions (30 × 30) *recommandé aux candidats au Certificat d'études et aux Ecoles normales*, par MM. BOUFFANDEAU et GÉMONET .... 20 fr. » »
Cette collection est concédée gratuitement par la Préfecture aux Ecoles de la Somme

Cahiers de Dessin à main levée, entièrement conformes au programme officiel, par R. MATHON. Six cahiers pour chacun des trois cours.
Chaque cahier .... 0 fr. 10
La collection des 18 cahiers.................... 1 50
Le cent, 9 fr.................... net 6 50

Cours pratique de devoirs enfantins, en 10 cahiers, en rapport, pour l'écriture, avec la Méthode de Lecture Stal, par MM. CHATEAUX et LEGRAND. Chaque cahier .... 0 fr. 10
Le cent, 9 fr..................... net 6 50

Collections de Devoirs ou *Carnets mensuels* faisant suite au Cours pratique de devoirs enfantins et *à l'usage des élèves du Cours élémentaire*, par M. CARTON, Inspecteur primaire et M. LEGRAND, Instituteur.
Chaque carnet .... 0 fr. 15
La collection de 5 carnets 0 75
La douzaine du même numéro.................... net 1 50

Cahiers d'application des *Carnets mensuels* CARTON et LEGRAND.
Le cent .... net 5 fr. 50

Cahiers de roulement en papier d'alfa de qualité supérieure, quadrillés et margés : (Recommandés).

1° Couverture gallia, 100 pages, à 0 fr. 30............... net **0 fr. 25**
2° Couverture molesquine, 144 pages, à 0 fr. 50......... net **0   40**

Préparation au Certificat d'aptitude pédagogique (ouvrage de pédagogie pratique, utile à tous les membres du personnel enseignant), par M. Joseph CAULLE, Inspecteur primaire. Prix................. **1 fr. 50**

Carnet de morale des maîtres et des maîtresses, établi conformément aux instructions de MM. les Inspecteurs généraux, par A. NONUS. Prix .... **1 fr. 50**

Le Certificat d'études dans la Somme, en 1896. (Epreuves).   **1 fr. » »**
Le même ouvrage, pour l'année 1897.....................   **1   » »**
—   —   —   1898.....................   **1   » »**

L'Annuaire de l'Enseignement primaire dans la Somme (Année 1898), contenant les tableaux de classement complets, la liste alphabétique du personnel (instituteurs, institutrices, adjoints et adjointes) et divers renseignements pratiques. Prix, franco par poste,..........   **1   » »**

Organisation pédagogique des Écoles primaires et Nouvelles Divisions mensuelles des Programmes officiels, par J. STAL, Inspecteur primaire (édition 1899)..............................   **2 fr. » »**

Carnet de Préparation de classe, par M. STAL, Inspecteur primaire :

1° Ecole à classe unique
2° Ecole à plusieurs classes   Chaque carnet.........   **1 fr. 75**

Emploi du temps (préparé pour écoles à une ou plusieurs classes)   **0 fr. 40**
  »   »   passe-partout (cadre et titre seuls) **0   30**
  »   »   collé sur carton.....................   **0   75**

La Scolaire Picarde, appareil perfectionné pour projections lumineuses, nouvelle lampe garantie, **ne fumant pas**............   **50 fr.**

Ecrans simples et montés — Vente et Location de Vues pour projections — Nombreuses Collections. (Voir Catalogue spécial.)

Drapeaux et Articles d'Illuminations

IMPRIMÉS POUR DEMANDES DE DEMI-PLACE

Et tous Imprimés pour Ecoles et Mairies

CARTES de VISITE, depuis **1 fr.** le cent

Nouveau Protège-Cahier souple et indéchirable, le cent **4 fr**

RELIURE ADMINISTRATIVE & DE LUXE — PRIX TRÈS RÉDUITS.

NOTA. — En dehors de nos clients ayant un compte ouvert, il n'est envoyé de spécimens gratuits que pour les livres d'élèves et à la condition que le correspondant s'engage à les retourner franco s'il ne juge pas à propos de les adopter. Pour recevoir par poste, sans engagement, envoyer le montant en timbres-postes.

ORGANISATION PÉDAGOGIQUE

DES

ÉCOLES PRIMAIRES ÉLÉMENTAIRES

« Le but de l'école est d'*élever* à la fois un grand nombre d'enfants d'âge différent et de forces inégales, de les amener, dans un laps de temps presque toujours fort court et indéterminé, à ce degré de culture morale et intellectuelle, à cette somme de connaissances essentielles qui constituent l'instruction primaire dans tous les pays. Une *Organisation pédagogique* n'est autre chose que l'ordre suivi pour atteindre ce but. » (E. Brouard).

Une organisation pédagogique rationnelle embrasse au moins les points fondamentaux suivants :

1° La répartition des élèves en un certain nombre de cours ;
2° Des programmes appropriés à chacun de ces cours ;
3° Un emploi du temps réglant la succession des exercices ;
4° Un matériel d'enseignement suffisant ;
5° Une sérieuse préparation de la classe.

I. — Répartition des Élèves.

La répartition des élèves entre les différents cours est réglée par les articles ci-après de l'arrêté du 18 Janvier 1887 :

Art. 9. — L'enseignement dans les écoles primaires élémentaires est partagé en trois cours : cours élémentaire, cours moyen, cours supérieur.

La constitution de ces trois cours est obligatoire dans toutes les écoles, quel que soit le nombre des classes et des élèves.

Art. 10. — La durée des études se divise comme il suit :

Section enfantine : un ou deux ans, suivant que les enfants entrent à 6 ans ou à 5 ans ;

Cours élémentaire : deux ans, de 7 à 9 ans ;

Cours moyen : deux ans, de 9 à 11 ans ;

Cours supérieur : deux ans, de 11 à 13 ans.

Art. 11. — Dans les écoles qui n'ont qu'un maître et qu'une classe, il ne pourra être établi aucune division ni dans le cours moyen ni dans le cours supérieur ; il n'en pourra être établi plus de deux pour les enfants au-dessous de 9 ans.

Dans les écoles qui n'ont que deux maîtres, l'un sera chargé du cours moyen et du cours supérieur, l'autre du cours élémentaire, y compris, s'il y a lieu, la section des enfants au-dessous de 7 ans.

Dans les écoles qui ont trois maîtres, chaque cours forme une classe distincte.

Dans les écoles à quatre classes, le cours élémentaire comptera deux classes, chacun des deux autres cours une seule classe.

Dans les écoles à cinq classes, le cours élémentaire comptera deux classes, le cours moyen deux, le cours supérieur une.

Dans les écoles à six classes, chacun des trois cours formera deux classes, à moins que le nombre des élèves du cours supérieur ne permette de les réunir en une seule classe.

Art. 12. — Toutes les fois qu'un même cours comprendra deux classes, l'une formera la première année du cours, l'autre la seconde.

Ces deux classes suivront le même programme, mais les leçons et les excercices seront gradués de telle sorte que les élèves puissent dans la seconde année revoir, approfondir et compléter les études de la première.

Art. 13. — Au-dessus de six classes, quel que soit le nombre des maîtres, aucun cours ne devra former plus de deux années. Les classes en plus du nombre de six, non compris la section enfantine, seront des classes parallèles destinées à dédoubler l'effectif soit de la première, soit de la seconde année.

Art. 14. — Chaque année, à la rentrée, les élèves, suivant leur degré d'instruction, sont répartis par le directeur dans les diverses classes des trois cours, sous le contrôle de l'inspecteur primaire.

Le certificat d'études primaires donne droit à l'entrée dans le cours supérieur.

II. — Programmes.

L'article 27 du décret du 18 Janvier 1887, interprétant l'article 1er de la loi du 28 Mars 1882, détermine ainsi qu'il suit les matières que l'enseignement primaire élémentaire doit embrasser dans toutes les écoles.

« L'instruction primaire élémentaire comprend :

L'enseignement moral et civique ;

La lecture et l'écriture ;

La langue française ;

Le calcul et le système métrique ;

L'histoire et la géographie, spécialement de la France ;

Les leçons de choses et les premières notions scientifiques ;

Les éléments du dessin, du chant et du travail manuel (travaux d'aiguille dans les écoles de filles) ;

Et les exercices gymnastiques et militaires.

En vue de donner des directions au personnel enseignant pour l'application de ce programme, l'Administration supérieure publia, sous le titre de « *Programmes annexés au règlement d'organisation pédagogique des écoles primaires publiques* », une répartition de chacune des matières entre les trois cours fondamentaux de toute école publique.

Mais si développés qu'ils soient, les programmes officiels ne peuvent qu'insuffisamment guider les maîtres et les maîtresses dans leur enseignement. Ils doivent être détaillés et précisés davantage, de manière à faciliter leur tâche en leur offrant un sommaire complet et méthodique, qu'ils n'aient qu'à développer avec discernement, qui leur donne, pour ainsi dire, l'ordre et l'objet de leurs leçons quotidiennes.

C'est dans ce but qu'a été établie la répartition mensuelle ci-après.

Éducation physique et préparation à l'éducation professionnelle.
Objet. — Méthode. — Programmes.

1° OBJET DE L'ÉDUCATION PHYSIQUE.

« L'éducation physique a un double but :

D'une part, fortifier le corps, affermir le tempérament de l'enfant, le placer dans les conditions hygiéniques les plus propices à son développement physique en général.

D'autre part, lui donner de bonne heure ces qualités d'adresse et d'agilité, cette dextérité de la main, cette promptitude et cette sûreté de mouvements qui, précieuses pour tous, sont plus particulièrement nécessaires aux élèves des écoles primaires, destinés pour la plupart à des professions manuelles.

Sans perdre son caractère essentiel d'établissement d'éducation, et sans se changer en atelier, l'école primaire peut et doit faire aux exercices du corps une part suffisante pour préparer et prédisposer, en quelque sorte, les garçons aux futurs travaux de l'ouvrier et du soldat, les filles aux soins du ménage et aux ouvrages de femmes.

2° MÉTHODE.

Les exercices du corps faisant diversion à l'ensemble des travaux scolaires et des leçons proprement dites, il sera généralement facile d'obtenir que les élèves y apportent de la bonne volonté et de l'entrain, qu'ils les considèrent comme une véritable récréation.

La marche de l'enseignement est réglée avec le plus grand détail, pour la gymnastique et les exercices militaires, par les *Manuels* en usage, ainsi que par les directions que donnent les professeurs et instructeurs spéciaux.

Pour le travail manuel des garçons, les exercices se répartissent en deux groupes : l'un comprend les divers exercices destinés d'une façon générale à délier les doigts et à faire acquérir la dextérité, la souplesse, la rapidité et la justesse des mouvements ; l'autre groupe comprend les exercices gradués de modelage qui servent de complément à l'étude correspondante du dessin et particulièrement du dessin industriel.

Le travail manuel des filles, outre les ouvrages de couture et de coupe, comporte un certain nombre de leçons, de conseils, d'exercices au moyen desquels la maîtresse se proposera non pas de faire un cours régulier d'économie domestique, mais d'inspirer aux jeunes filles, par un grand nombre d'exemples pratiques, l'amour de l'ordre, de leur faire acquérir les qualités sérieuses de la femme de ménage et de les mettre en garde contre les goûts frivoles ou dangereux. »

(Programmes officiels. — Directions pédagogiques.)

3° CONSEILS PRATIQUES ET PROGRAMMES.

HYGIÈNE ET SOINS DE PROPRETÉ

CONSEILS POUR LES MAÎTRES.

« *Chauffage de la classe*. — Allumer les poêles environ une heure avant l'arrivée des élèves. Placer sur l'appareil un vase rempli d'eau. Éviter l'excès de chaleur. Faire usage des vasistas. Le réglage des poêles par des clefs d'un modèle quelconque doit être interdit à cause des dangers qui peuvent en résulter. Ne pas permettre aux enfants qui prennent le repas de midi à l'école de faire cuire ou réchauffer des aliments sur le poêle de la classe. Ouvrir les fenêtres à chaque interruption de classe, quelle que soit la saison. — En classe, les cache-nez et les capelines doivent être proscrits.

Température de 12 à 15°, au maximum.

Propreté de la classe. — La salle de classe doit être balayée tous les jours ; les fenêtres resteront ouvertes pendant cette opération. Les tables, les bancs, le bureau, etc., doivent être essuyés et non époussetés. — Si les repas sont pris à l'intérieur, on fera bien d'opérer un balayage supplémentaire. — Les paniers aux provisions comme aussi les coiffures devront, autant que possible, être déposés en dehors de la salle de classe. — Veiller à ce que les élèves ne contractent pas la déplorable habitude de cracher par terre. — Faire lessiver les murs de la classe, tous les ans, s'ils sont peints à l'huile ; s'ils sont crépis, les faire blanchir à la chaux.

Des récréations. — Surveillance des jeux au point de vue hygiénique. — Sous aucun prétexte la récréation ne sera détournée de son but qui est de délasser l'esprit et de donner au corps une activité réparatrice. — Les élèves ne devront pas être autorisés à repasser des leçons ou à terminer des devoirs pendant les heures consacrées au jeu. — Ne pas permettre aux enfants de boire de l'eau trop froide, surtout quand ils ont chaud. » *(Org. péd. des écoles du Département de la Somme).*

Cours préparatoire et élémentaire.

Dans ces deux cours, les notions d'hygiène ne font pas l'objet de leçons spéciales ; elles sont données à tout propos et sous des formes variées.

Cours moyen et supérieur.

Cet enseignement sera donné incidemment à propos de tous les exercices scolaires et notamment par les lectures courantes, les leçons d'écriture et de sciences physiques et naturelles, les dictées, les sujets de rédaction, les problèmes d'arithmétique, etc.

GYMNASTIQUE ET EXERCICES MILITAIRES.

« Un arrêté ministériel en date du 8 août 1890 a prescrit un nouveau programme de gymnastique pour les écoles primaires.

Ce programme fait la part très grande à une sorte de gymnastique naturelle qui, moins bien définie, mais plus utile que la gymnastique proprement dite, a l'avantage d'être attrayante. Tous les exercices physiques auxquels les élèves se livrent généralement seuls : rondes, courses, sauts, jeux en plein air, natation, lutte, font partie désormais du programme de gymnastique.

La seconde partie comprend des mouvements combinés en vue d'un but défini (exercices d'ordre et d'assouplissement, mouvements avec ou sans appareils, etc...) qui s'exécutent au commandement comme les exercices militaires. Elle constituait à elle seule presque tout l'ancien programme de gymnastique. Elle est d'une grande utilité pour l'hygiène, pour le développement régulier du corps, et surtout pour la discipline de la volonté » *(Org. péd. des écoles du Département)*.

« C'est une erreur de croire que, pour faire de la gymnastique, les appareils sont de toute nécessité ; l'expérience nous apprend, au contraire, que, surtout pour les enfants, les exercices élémentaires, tels que les mouvements des bras, des jambes, les marches, les sauts, développent d'une manière très satisfaisante les forces musculaires et suffisent à donner de l'agilité et de la souplesse ; les exercices avec appareils sont un complément utile, mais non indispensable *(Circ. du 2 mai 1880)*.

«...Le choix et le mode d'exécution des exercices demandent de la part du maître une attention toute particulière. Il doit, en principe, insister sur la répétition des mouvements : *assez* pour obtenir des résultats, *pas trop* pour éviter la monotonie qui ne tarderait pas à lasser l'attention des élèves.

L'expérience lui permettra d'arrêter lui-même, avant chaque séance, le choix des exercices de la leçon au fur et à mesure des progrès des élèves ou selon leur aptitude plus ou moins grande ; il suivra d'abord l'ordre du manuel, c'est-à-dire : la tête, le tronc, les bras et les jambes ; mais dès que les mouvements qui en dépendent deviendront familiers aux élèves, il devra les répéter à la deuxième partie de la séance, sans s'astreindre à l'ordre déjà suivi, c'est-à-dire en entremêlant les exercices entre eux ; par exemple :

1° Un mouvement de bras ;
2° Un mouvement de jambes ;
3° Un mouvement de tête ;
4° Un mouvement de bras ;
5° Un mouvement du tronc :
6° Un mouvement de bras et de jambes ;
7° Un mouvement de tête, etc.

Il est expressément recommandé au maître d'exécuter toujours *lui-même* le mouvement, en même temps qu'il l'explique, afin de joindre l'exemple au principe. Autant que possible, dans les débuts, il exécute et explique chaque commandement séparément et le fait exécuter par les élèves avant de faire le commandement et de passer au mouvement suivant.

A moins d'impossibilités résultant de circonstances locales, le nombre des élèves qui seront commandés par un seul maître ne devra pas dépasser 30 ; le maximum d'élèves à placer sur un rang sera de 15.

Les professeurs doivent se conformer strictement aux principes du Manuel ; ils ne tolèrent dans aucun cas que les élèves se laissent entraîner à des actes exagérés de force ou de hardiesse, qui pourraient occasionner des accidents et engager la responsabilité du maître. Ils doivent s'appliquer à développer la force des élèves par un travail progressif, sagement mesuré, en rapport avec leur âge et l'état de leur constitution.

Ils doivent exiger de leurs élèves beaucoup d'ordre, une attitude régulière sans raideur, et leur expliquer le but de chaque exercice.

Pour l'uniformité dans l'enseignement, les commandements d'*avertissement* doivent être précédés de celui de *Attention* et ceux d'*exécution* soumis aux règles suivantes :

Mouvements de la tête, du corps et des bras, des jambes sans déplacement du corps :

COMMENCEZ.

CESSEZ.

Mouvements des jambes entraînant le déplacement dn corps et exercice pyrrhique :

MARCHE.

HALTE.

Exercices d'équilibre :

EN POSITION.

REPOS.

Dans les exercices qui nécessitent, avant l'exécution, une attitude préparatoire, les commandements d'avertissement seront suivis de celui de :

EN POSITION.

En principe, tous les mouvements de la tête et du tronc doivent être exécutés lentement et pendant peu de temps, les mouvements des bras et des jambes n'exigent pas ces précautions.

Le nombre des mouvements qui doivent être exécutés dans un exercice d'assouplissement, avant d'en faire exécuter un autre, est fixé à douze. Les élèves doivent compter à haute voix tous les mouvements jusqu'à ce que le professeur, voulant juger de l'ensemble, fasse cesser de compter par un signal couvenu (le sifflet par exemple), sans interrompre l'exercice.

On distingue trois sortes de cadences, c'est-à-dire trois degrés de vitesse :

La cadence *lente*, de 10 à 25 mouvements par minute ;

La cadence *modérée*, de 25 à 75 mouvements par minute ;

La cadence *rapide*, de 75 à 115 mouvements par minute ;

En outre, les exercices de course se font sur une cadence *spéciale*, de 140 à 200 mouvements par minute.

On indiquera à chaque exercice la cadence convenable, mais il sera souvent utile de varier les cadences durant l'exécution d'un même mouvement.» (*Manuel de gymnastique publié par le ministère. — Instructions générales*).

Pour les exercices militaires, le maître s'inspirera des instructions suivantes :

« . . . . Je vous prie de veiller à ce que les exercices militaires se fassent régulièrement dans les écoles primaires, comme dans les lycées et collèges. Vous savez quel en est le but, quelle importance nous devons y attacher; suivant l'expression de l'honorable auteur de la proposition de la loi sur la gymnastique, « il ne s'agit plus seulement ici de la santé, de la vigueur corporelle, de l'éducation physique de la jeunesse française, il s'agit aussi du bon fonctionnement de nos lois militaires, de la composition et de la force de notre armée. » Tous les enfants qui fréquentent nos écoles sont appelés à servir un jour leur pays comme soldats ; c'est une œuvre patriotique que nous poursuivons, en cherchant à leur donner des habitudes viriles, à les familiariser, dès l'enfance, avec le rôle qu'ils auront à remplir, à les initier aux devoirs qui les attendent au régiment. »

(Circ. du 29 mars 1881).

Nous nous bornerons à reproduire les programmes officiels, ne croyant pas nécessaire d'établir des divisions mensuelles pour ces deux enseignements.

GYMNASTIQUE

ÉCOLES DE GARÇONS.

Cours préparatoire et élémentaire.

Évolutions. — Premiers mouvements rythmés. — Jeux variés (corde, balle cerceau, etc.), et jeux impliquant l'action de courir. — Premiers exercices d'ordre (formation des rangs, marches, ruptures et rassemblements, etc.). — Sauts divers, à l'exclusion du saut en profondeur.

Cours moyen.

Jeux. — Mouvements élémentaires sans appareils. — Continuation des exercices d'ordre (marches rythmées, doublement, dédoublement). — Mouvements élémentaires de la boxe française. — Planche d'assaut. — Natation.

Cours supérieur.

Jeux. — Promenades scolaires. — Continuation des exercices indiqués pour le cours moyen. — Évolutions à la course cadencée. — Mouvements d'ensemble avec instruments appropriés à l'âge des enfants. — Suite des exercices de boxe. — Bâton, canne. — Exercices deux à deux avec cordes ou barres. — Exercices aux échelles (échelle horizontale, échelle inclinée, échelle avec planche dorsale, échelles jumelles). — Perches verticales fixes par paire. — Poutre horizontale. — Mât vertical.

ÉCOLES DE FILLES.

Mêmes exercices que dans les écoles de garçons, à l'exception de la boxe, du bâton et de la canne, qui seront remplacés par la danse et des jeux spéciaux.

Nota. — On suivra, pour les exercices gymnastiques, les manuels pour les garçons et pour les filles publiés par le ministère.

EXERCICES MILITAIRES ET TIR.

Cours élémentaire.

Exercices de marche, d'alignement, de formation des pelotons, etc. — Préparation à l'exercice militaire.

Cours moyen.

Exercices militaires : école du soldat sans armes. — Principes des différents pas. — Alignements. — Marches, contremarches et haltes. — Changement de direction. — Exercices de tir à 10 mètres à la carabine Flobert (pour les élèves de plus de 10 ans).

Cours supérieur.

Exercices militaires : révision de l'école du soldat sans armes. — Mécanisme des mouvements en ordre dispersé. — Marches militaires et topographiques.

Exercices préparatoires au tir : notions sur les lignes de tir. Étude pratique sur le mécanisme du fusil. — Exercices de tir à 10 mètres à la carabine Flobert.

TRAVAUX MANUELS (Garçons).

« L'enseignement du travail manuel n'a pas pour but de préparer à une profession ou à un métier déterminé, mais de développer les facultés de l'enfant.

Outre qu'il est un excellent procédé pour l'enseignement intuitif des notions géométriques, qu'il rend familière l'application du dessin et peut réagir contre une trop grande tension des facultés intellectuelles, le travail manuel développe merveilleusement chez l'enfant la faculté d'analyse, l'esprit d'observation, de recherche, de combinaison et d'invention; il forme le goût, rend la main plus habile, le coup d'œil plus sûr.

Enfin il fait aimer et honorer le travail des mains : résultat moral et social.

Le travail manuel s'impose donc, non parce que les programmes officiels le recommandent, mais parce qu'il est essentiellement éducatif. »

(Org. péd. des écoles du Départ.....nt).

Cours préparatoire.

OCTOBRE. — *Petits exercices de pliage.* — Exercer les élèves à plier une feuille de papier de différentes manières et à représenter ainsi divers objets : lettre, coq, salière, bateau, chapeau, moulin, boîte, etc.

NOVEMBRE. — Mêmes exercices qu'en octobre.

DÉCEMBRE. — *Exercices de découpage.* — Exercer les élèves à découper (avec leurs doigts) de petites feuilles de papier de manière à représenter des objets divers : étoile, rosace, échelle, etc.

JANVIER. — Mêmes exercices qu'en décembre.

FÉVRIER. — *Exercices de tissage* avec de petites bandes de papier.

MARS ET AVRIL. — Mêmes exercices qu'en février.

MAI. — Tissage de ficelles de couleurs différentes.

JUIN. — Mêmes exercices qu'en mai.

JUILLET ET AOUT. — Mêmes exercices à l'aide de paille, de joncs, de roseaux, etc.

Cours élémentaire.

OCTOBRE. — *Petits exercices de pliage* comme au cours préparatoire.

NOVEMBRE. — *Découpage.* — Exercer les élèves à découper de petites feuilles de papier de manière à représenter des objets divers.

DÉCEMBRE. — *Exercices de tissage* avec de petites bandes de papier.

JANVIER. — Différentes sortes de nœuds avec de la ficelle : nœuds servant à attacher deux cordes ensemble ; nœuds servant à fixer une corde sur un objet ; nœuds servant à replier une corde sur elle-même pour la raccourcir, pour y faire une boucle ou un œillet, pour former une tête ou un bouton (nœud simple gansé, nœud droit, nœud de tisserand, etc.).

FÉVRIER. — Mêmes exercices qu'en janvier.

MARS. — Tissage de ficelles de couleurs différentes.

AVRIL. — Mêmes exercices que le mois précédent.

MAI. — Continuation des exercices du mois précédent à l'aide de pailles, de joncs, etc.

JUIN. — Mêmes exercices qu'en mai. Nattes simples faites avec de la paille' des roseaux, etc.

JUILLET-AOUT. — Mêmes exercices qu'en juin. Notions sur les outils les plus usuels.

Cours moyen et supérieur.

OCTOBRE. — *Découpage* de carton-carte en forme de solides géométriques.

NOVEMBRE. — Mêmes exercices qu'en octobre.

DÉCEMBRE. — Mêmes exercices. — Construction d'objets de cartonnage, revêtus de dessins coloriés et de papier de couleur.

JANVIER. — Construction d'objets de cartonnage revêtus de dessins coloriés et de papier de couleur. (Suite).

FÉVRIER. — Mêmes exercices que le mois précédent.

MARS. — *Modelage.* — Imitation des solides géométriques les plus simples : cubes, boîtes rectangulaires, prismes, pyramides, etc. (Les figures ne doivent pas avoir plus de 0^m,10e de hauteur.)

AVRIL. — *Modelage* (suite). — Cylindre, cône, demi-sphère, combinaison de solides géométriques de manière à former des figures connues de l'élève.

MAI. — Mêmes exercices. — Reproduction d'objets usuels, tels que : encrier de liège, bol, bouteille ; d'objets de formes plus variées, tels que : pomme, poire, feuilles, etc.

JUIN. — Continuation des mêmes exercices. — Ornements simples d'architecture.

JUILLET-AOUT. — Continuation des mêmes exercices. — Notions sur les outils les plus usuels.

TRAVAUX MANUELS (Filles).

Cours préparatoire.

OCTOBRE. — *Petits exercices de pliage.* — Exercer les élèves à plier une feuille de papier de différentes manières et à représenter ainsi divers objets : lettre, coq, salière, bateau, chapeau, moulin, boîte, etc.

NOVEMBRE. — *Exercices de découpage.* — Exercer les élèves à découper (avec les doigts), de petites feuilles de papier, de manière à représenter des objets divers : étoiles, rosaces, échelles, etc. — Tricot de jarretière.

DÉCEMBRE. — Différentes sortes de nœuds (avec de la ficelle) : nœuds servant à attacher deux cordes ensemble ; nœuds servant à fixer une corde sur un objet ; nœuds servant à replier une corde sur elle-même pour la raccourcir, pour y faire une boucle, un œillet, pour former une tête ou un bouton (nœud simple, nœud simple gansé, nœud droit, nœud de tisserand, etc.)
Continuation du tricot de jarretière.

JANVIER. — Mailles à l'envers ; point simple de tapisserie sur gros canevas

FÉVRIER. — Mêmes exercices qu'en janvier.

MARS. — Manchette. — Un tour à l'endroit. Un tour à l'envers.

AVRIL. — Côtes de tricot. — Simples dessins en tapisserie.

MAI. — Mêmes exercices qu'en avril.

JUIN. — Pelotes : liens de serviettes ; poignées de fer à repasser.

JUILLET ET AOUT. — Mêmes exercices qu'un juin.

Cours élémentaire.

OCTOBRE. — Étude du point uni. — Maille à l'endroit. — Tenue de l'aiguille et emploi du dé. — Point devant.

NOVEMBRE. — Tricot : jarretière. — Couture : point devant (Suite).

DÉCEMBRE. — Tricot : maille à l'envers, jarretières. — Marque sur canevas (Lettres simples).

JANVIER. — Mailles à l'endroit et à l'envers. — Couture : ourlet. — Continuation des lettres sur canevas.

FÉVRIER. — Tricot : manchettes. — Couture : ourlet. — Continuation des lettres sur canevas.

MARS. — Tricot : manchettes. — Couture. surjet.

AVRIL. — Tricot : mailles à l'endroit et à l'envers, côtes. — Couture : ourlet et surjet.

MAI. — Continuation des lettres sur canevas. — Ourlet et point arrière.

JUIN. — Marque sur canevas (Suite). — Révision des exercices de couture.

JUILLET-AOUT. — Application des exercices de couture sur essuie-mains, serviettes, mouchoirs, etc.

Cours moyen.

OCTOBRE. — Chaussettes, bas. — Marque sur grosse toile.

NOVEMBRE. — Éléments de couture : point devant, point de côté, point arrière, point de surjet.

DÉCEMBRE. — Tricot sur quatre aiguilles : Mailles à l'endroit, mailles à l'envers, côtes. — Marque sur toile.

JANVIER. — Ourlet, surjet sur lisière, sur plis rentrés. — Couture rabattue.

FÉVRIER. — Étude du point de boutonnière. — Confection d'ouvrages de couture simples et faciles : essuie-mains, mouchoirs, taies d'oreillers.

MARS. — Couture : boutonnière, piqûre ; couture rabattue. — Marque.

AVRIL. — Marque (Suite). — Boutonnières et fronces.

MAI. — Tablier. — Chemise de femme.

JUIN. — Mêmes exercices que le mois précédent. — Rapiéçage.

JUILLET-AOUT. — Mêmes exercices qu'en juin.

Cours supérieur.

OCTOBRE. — Tricot : bas, chaussettes.

NOVEMBRE. — Tricot : chaussettes, jupons, gants. — Marque sur toile.

DÉCEMBRE. — Piqûres et fronces.

JANVIER. — Boutonnière. — Rapiéçage.

FÉVRIER. — Rapiéçage (au point de surjet et en couture rabattue).

MARS. — Remmaillage sur tissu à grosses mailles.

AVRIL. — Reprises sur canevas fin d'abord, puis sur grosse toile.

MAI. — Chemise de femme (coupe et confection).

JUIN. — Petits plis. — Étude du point de chausson et de quelques points d'ornement ; point de chaînette, point russe. — Ourlet à jour ; — point de feston.

JUILLET-AOUT. — Mêmes exercices qu'en juin. — Coupe et confection d'un jupon simple, d'un pantalon.

Éducation intellectuelle. — Objet. — Méthode. — Programme.

1° OBJET DE L'ÉDUCATION INTELLECTUELLE (1).

« L'éducation intellectuelle, telle que peut la faire l'école primaire publique, est facile à caractériser.

Elle ne donne qu'un nombre limité de connaissances. Mais ces connaissances sont choisies de telle sorte, que non seulement elles assurent à l'enfant tout le savoir pratique dont il aura besoin dans la vie, mais encore elles agissent sur ses facultés, forment son esprit, le cultivent, l'étendent et constituent vraiment une éducation.

L'idéal de l'école primaire n'est pas d'enseigner beaucoup, mais de bien enseigner. L'enfant qui en sort sait peu, mais sait bien ; l'instruction qu'il a reçue est restreinte, mais elle n'est pas superficielle. Ce n'est pas une demi-instruction, et celui qui la possède ne sera pas un demi-savant ; car ce qui fait qu'une instruction est dans son genre complète ou incomplète, ce n'est pas l'étendue plus ou moins vaste du domaine qu'elle cultive, c'est la manière dont elle l'a cultivé.

L'instruction primaire, en raison de l'âge des élèves et des carrières auxquelles ils se destinent, n'a ni le temps ni les moyens de leur faire parcourir un cycle d'études égal à celui de l'enseignement secondaire ; ce qu'elle peut faire pour eux, c'est que leurs études leur profitent autant et leur rendent, dans une sphère plus humble, les mêmes services que les études secondaires aux élèves des lycées : c'est que les uns comme les autres emportent de l'enseignement public, d'abord une somme de connaissances appropriées à leurs futurs besoins, ensuite et surtout de bonnes habitudes d'esprit, une intelligence ouverte et éveillée, des idées claires, du jugement, de la réflexion, de l'ordre et de la justesse dans la pensée et dans le langage. « L'ob-« jet de l'enseignement primaire, — comme on l'a très justement dit, « — n'est pas d'embrasser, sur les diverses matières auxquelles « il touche, tout ce qu'il est possible de savoir, mais de bien « apprendre dans chacune d'elles ce qu'il n'est pas possible « d'ignorer. »

2° MÉTHODE.

« L'objet de l'enseignement étant ainsi défini, la méthode à suivre s'impose d'elle-même : elle ne peut consister, ni dans une suite de procédés mécaniques, ni dans le seul apprentissage de ces premiers instruments de communication : la lecture, l'écriture, le calcul, ni

---

(1) Pour complément aux directions pédagogiques, voir l'ouvrage de M. Caulle. Préparation au certificat d'aptitude pédagogique, Librairie Poiré-Choquet à Amiens, 1 fr. 50.

dans une froide succession de leçons exposant aux élèves les différents chapitres d'un cours.

La seule méthode qui convienne à l'enseignement primaire est celle qui fait intervenir tour à tour le maître et les élèves, qui entretient pour ainsi dire entre eux et lui un continuel échange d'idées sous des formes variées, souples et ingénieusement graduées. Le maître part toujours de ce que les enfants savent, et, procédant du connu à l'inconnu, du facile au difficile, il les conduit, par l'enchaînement des questions orales ou des devoirs écrits, à découvrir les conséquences d'un principe, les applications d'une règle, ou inversement les principes et les règles qu'ils ont déjà inconsciemment appliqués.

En tout enseignement, le maître, pour commencer, se sert d'objets sensibles, fait voir et toucher les choses, met les enfants en présence de réalités concrètes, puis peu à peu il les exerce à en dégager l'idée abstraite, à comparer, à généraliser, à raisonner sans le secours d'exemples matériels.

C'est donc par un appel incessant à l'attention, au jugement, à la spontanéité intellectuelle de l'élève que l'enseignement primaire peut se soutenir. Il est essentiellement intuitif et pratique : *intuitif*, c'est-à-dire qu'il compte avant tout sur le bon sens naturel, sur la force de l'évidence, sur cette puissance innée qu'a l'esprit humain de saisir du premier regard et sans démonstration non pas toutes les vérités, mais les vérités les plus simples et les plus fondamentales ; *pratique*, c'est-à-dire qu'il ne perd jamais de vue que les élèves de l'école primaire n'ont pas de temps à perdre en discussions oiseuses, en théories savantes, en curiosités scolastiques, et que ce n'est pas trop de cinq à six années de séjour à l'école pour les munir du petit trésor d'idées dont ils ont strictement besoin et surtout pour les mettre en état de le conserver et de le grossir dans la suite.

C'est à cette double condition que l'enseignement primaire peut entreprendre l'éducation et la culture de l'esprit ; c'est, pour ainsi dire, la nature seule qui le guide ; il développe parallèlement les diverses facultés de l'intelligence par le seul moyen dont il dispose, c'est-à-dire en les exerçant d'une manière simple, spontanée, presque instinctive : il forme le jugement en amenant l'enfant à juger, l'esprit d'observation en faisant beaucoup observer, le raisonnement en aidant l'enfant à raisonner lui-même et sans règles de logique.

Cette confiance dans les forces naturelles de l'esprit qui ne demandent qu'à se développer et cette absence de toute prétention à la science proprement dite conviennent à tout enseignement rudimentaire, mais s'imposent surtout à l'école primaire publique, qui doit agir non sur quelques enfants pris à part, mais sur la masse de la population enfantine. L'enseignement y est nécessairement collectif et simultané ; le maître ne peut se donner à quelques-uns, il se doit à tous ; c'est par les résultats obtenus sur l'ensemble de sa classe et non pas sur une élite seulement que son œuvre pédagogique doit être appréciée. Quelles que soient les inégalités d'intelligence que présentent ses élèves, il est un minimum de connaissances et d'aptitudes que l'enseignement primaire doit communiquer, sauf des exceptions très rares, à tous les élèves ; ce niveau sera très facilement dépassé par quelques-uns, mais le fût-il, s'il n'est pas atteint par tout le reste de la classe, le maître n'a pas bien compris sa tâche ou ne l'a pas entièrement remplie. »

(Programmes officiels. — Directions pédagogiques.)

3° CONSEILS PRATIQUES ET PROGRAMMES.

LECTURE.

Cours préparatoire.

L'enseignement de la lecture sera toujours, quoi qu'on fasse, une étude difficile pour les commençants. Chacun n'a, pour s'en convaincre, qu'à en appeler à ses souvenirs personnels. Ce dont un bon maître doit avant tout se préoccuper, c'est d'exciter et de captiver leur curiosité, de provoquer leur attention, d'éveiller leur esprit d'observation, de faire appel à leur jugement et à leur imagination. La leçon exposée au tableau noir est seule de nature à donner ce résultat.

Néanmoins ce procédé ne doit pas être exclusif et l'emploi d'une bonne Méthode de Lecture (Tableaux et Livrets) offre de sérieux avantages qu'on aurait tort de dédaigner.

Quelle que soit la méthode employée dans l'école, elle peut, si l'enseignement est bien conduit, être parcourue dans l'espace d'environ cinq mois. Ceux des élèves qui, à la fin de cette période, l'ont suivie avec fruit, reçoivent un livre de lecture courante ; les autres redoublent avec les nouveaux venus. On évite ainsi les nombreuses sections qui font perdre un temps précieux.

« Le maître conduira de front l'enseignement de la lecture et celui de l'écriture. A cet effet, il fera reproduire au tableau noir et sur les ardoises, en écriture cursive, les lettres, les syllabes, les mots et les phrases qui auront fait l'objet de la leçon de lecture.

« C'est surtout dans l'étude des premiers éléments de la lecture et de l'écriture que l'emploi de la méthode exige des moyens ingénieux, des combinaisons variées, des procédés personnels, de la vigilance, en un mot, une véritable aptitude de la part du maître.

. . . .

« Lorsque les enfants parviennent à syllaber d'une manière passable, il est bon de les faire lire simultanément en les obligeant à bien articuler, lentement et en mesure. Le maître qui dirige l'exercice en accélère plus ou moins la marche suivant le degré d'avancement des élèves. Il est bien entendu toutefois que ce procédé ne saurait remplacer complètement la lecture individuelle.

« Jusqu'à ce que les élèves soient arrivés à la lecture courante, il n'y a pas lieu de consacrer beaucoup de temps aux explications. Cependant, il est nécessaire que les élèves se rendent compte autant que possible de ce qu'ils lisent et qu'ils comprennent les mots difficiles qui pourraient se rencontrer dans le cours de la leçon.

« Nous croyons devoir signaler ici un certain nombre de défauts qu'on remarque trop généralement pendant la période du premier enseignement de la lecture et de l'écriture.

« Si le maître manque de vigilance, les enfants contractent facilement de mauvaises habitudes, comme de chanter en épelant et en syllabant, d'ânonner, de traîner sur les lettres, de prononcer la dernière lettre ou la dernière syllabe de chaque mot sur un ton plus élevé que les précédentes, etc. »

(Org. péd. des écoles du Département).

Cours élémentaire.

« L'instituteur doit surtout avoir pour but d'amener ses élèves à ce que l'on appelle communément la lecture courante, c'est-à-dire à la lecture faite sans hésitation et avec une prononciation correcte. C'est encore la lecture mécanique qui est la chose principale ; mais il est bien entendu que les textes seront choisis de telle sorte que le sens général puisse être facilement compris des élèves, et que les mots et les expressions difficiles seront toujours expliqués. »

(Org. péd. des écoles du Département).

Le maître expose d'abord succinctement le sens général du morceau qu'il a choisi et préparé pour servir de texte à la leçon de lecture, puis il lit ce morceau, — en totalité ou en partie, — avec le ton convenable, et donne la signification de quelques mots, de quelques expressions.

Le passage est ensuite relu par les élèves, collectivement d'abord, individuellement ensuite. Ces procédés, sagement combinés, aident beaucoup ceux qui sont mal doués sous le rapport de l'oreille, à prendre le ton de la lecture expressive. — Au cours de l'exercice, le maître appelle l'attention des enfants sur les repos et les liaisons. — Pour terminer, il les interroge sur le sens des mots et des expressions précédemment expliqués et, si possible, fait résumer oralement la leçon par un ou deux d'entre eux.

Cours moyen.

Mêmes procédés d'enseignement que pour le cours élémentaire.

« On ne saurait trop répéter qu'il importe, en lisant, de mettre un ton naturel avec les nuances d'expression qui conviennent à chaque morceau ; que les maîtres évitent donc l'exagération et l'emphase ; mais qu'ils sachent à l'occasion trahir par la vibration de la voix l'émotion que fait naître une belle pensée ou un beau passage.

« Si les explications n'ont occupé qu'une place très restreinte dans le cours préparatoire et encore peu étendue dans le cours élémentaire, il n'en est pas de même dans le cours moyen. Mais entendons-nous bien sur la nature de ces explications. Il ne faut jamais que la lecture perde son véritable caractère et se transforme suivant le cas en leçon d'histoire, de morale ou de sciences. La lecture est et doit rester un exercice littéraire. Les explications grammaticales, orthographiques, scientifiques, historiques ou géographiques doivent donc être simplement suffisantes pour que les élèves comprennent l'intelligence des textes. Mais les explications relatives au sens des mots et des expressions, à la suite et à la liaison des idées, la recherche de l'idée principale contenue dans le morceau, et, s'il y a lieu, l'indication des beautés littéraires, doivent principalement attirer l'attention des maîtres.

« Il est bon de faire quelquefois résumer oralement par un élève l'un des passages les plus intéressants du morceau lu ou même le morceau tout entier qui ne doit jamais excéder une page et demie.

« Enfin les rédactions sur la lecture peuvent être, soit le résumé écrit du texte, soit la reproduction de tout ou partie des explications données, soit un exercice de vocabulaire sur quelques-uns des mots de la leçon : dérivés, synonymes, contraires, etc., soit enfin le développement d'une pensée contenue dans le morceau lu. »

(Org. péd. des écoles du Département.)

Cours supérieur.

Il serait bon de faire choix d'un recueil de morceaux littéraires (prose et poésie) extraits des meilleurs auteurs.

La lecture du morceau est faite d'abord par le maître d'une manière naturelle et expressive, puis individuellement par les élèves.

Elle donne lieu :

1° à l'analyse des idées ;

2° à l'explication du sens des phrases et des mots ;

3· à des remarques grammaticales, littéraires, historiques, géographiques, etc. ;

4° à la reproduction orale et quelquefois écrite du morceau.

L'Instituteur fait chaque semaine une lecture à toute la classe. Le sujet en est choisi, expliqué et commenté avec le plus grand soin. De temps en temps, le morceau est emprunté à un des ouvrages de la bibliothèque scolaire. Cet exercice, bien conduit, contribue puissamment à inspirer aux enfants le goût de la lecture et à le faire pénétrer dans les familles.

ÉCRITURE (1)

Ce que le maître doit surtout chercher à obtenir le plus tôt possible, c'est une bonne écriture expédiée, courante et lisible.

Il importe qu'il rappelle au commencement de chaque leçon les prescriptions ci-après relatives à la tenue de la plume, du cahier et du corps, et qu'il veille à ce qu'elles soient toujours observées.

« Le pied gauche un peu en avant, le pied droit d'aplomb, le cahier en face du bras droit ; le porte-plume entre le pouce, l'index et le majeur, s'arrêtant à la troisième articulation de l'index et dans la direction de l'épaule droite ; le pouce légèrement ployé, l'index et le majeur allongés ; le poignet libre, la main droite s'appuyant faiblement sur l'auriculaire ; l'avant-bras prenant son point d'appui sur la partie inférieure de la table ; la main gauche appliquée sur le cahier ; le corps droit, et la tête légèrement inclinée en avant. »

Le maître trace ensuite au tableau noir, sous les yeux des élèves, la lettre ou le groupe de lettres qui fait l'objet de la leçon, en donnant sur la forme, les dimensions, etc., de chacune d'elles, sur les procédés d'exécution, toutes les explications qu'il croit utiles.

« Pendant la leçon, il passe entre les tables, procède sur le cahier à des corrections individuelles, et écrit ici une lettre, là un mot dans le corps de l'écriture. à la suite du travail de l'élève. Lorsqu'il constate une faute générale, il la fait connaître à l'aide du tableau noir et la rectifie. Surtout qu'il ne craigne pas d'insister et de revenir sur la démonstration des principes élémentaires d'écriture.

« Il peut, dans le cours élémentaire, placer entre les mains des élèves des cahiers préparés, et les conserver dans le cours moyen en même temps que le cahier ordinaire d'écriture. Lorsque l'élève ne se sert pas

(1) Pour le cours préparatoire les maîtres et les élèves trouveront un guide pratique et sûr dans les cahiers Châteaux et Legrand, cours enfantin et dans les Carnets Carton et Legrand, qui en sont la suite.

Ces deux publications sont éditées par la Librairie Poiré-Choquet.

de cahiers préparés, il doit avoir sous les yeux un exemplaire bien écrit du modèle que l'instituteur a pris le soin de tracer également au tableau noir. »

(Org. péd. des écoles du Département).

Les en-têtes des cahiers préparés, coupés et distribués aux élèves, peuvent servir de modèles.

Dans le cours supérieur, le temps consacré à l'écriture sera utilement employé au tracé de tableaux, de cadres, de factures, de mémoires, etc.

OCTOBRE. — Faire voir que les lettres se divisent en deux catégories bien distinctes :

1° Les lettres comprises entre les lignes ; 2° les lettres qui dépassent les lignes, soit au-dessus, soit au-dessous.

Le délié ; — la liaison ; — le plein ; — étude de la lettre *i* ; l'alterner avec le plein et le délié.—Lettre *u*, alternée avec la précédente.—La lettre *t*, alternée avec les deux autres. — Les lettres *m* et *n*. — minuit, muni, mutin. — La lettre *u*, alternée avec les trois autres.

NOVEMBRE. — Lettre *c* : cuit, tic. — Lettre *o*, ton, nom, mon cocon, mon cou, mouton.— Lettre *a* : ami, maman ; ta maison ; va à mâcon.—Lettre *e* : tête, nette, même, venue ; — mon neveu a été menacé. — Lettre *d* : dindon, addition ; un ami m'a donné un dindon.

DÉCEMBRE. — Lettre *p*, pipe, pape, poupée, — papa m'a donné une punition.
Lettre *q*, quiconque, époque, pique, quinquina.
Lettre *r*, rire, rare, route, — mon père reviendra mercredi.
Lettre *x*, rixe, taxe, axe, — Xavier a été exempté d'un exercice.
Lettre *s*, saucisson, souris, suisse, — mes sœurs assisteront samedi à une soirée.

JANVIER. — Lettre *l*, lime, pilule, lilas, — les rues de la ville sont éclairées.
Lettre *b*, bonbon, boule, — bébé a cassé son biberon.
Lettre *h*, hache, hutte, hameau, — le bucheron a laissé sa bâche dans sa hutte.

FÉVRIER. — Lettre *j*, jujube, joujou, jardin, — jeudi, j'aurai de la pâte de jujube.
Lettre *g*, gigot, gage, langage, — Auguste s'est guéri la gorge avec un gargarisme.
Lettre *y*, myope, pyramide, — les yeux du lynx sont perçants.
Lettre *z*, zéro, zèle, — vous devez travailler avec zèle.
Lettre *f*, affaire, fille, — faites tous vos efforts pour mériter la confiance de vos chefs.

MARS. — Étude des Majuscules. — Lettre *A*. — Amiens. — Abbeville. — André. — Alfred ira lundi à Arras. — Aimez qu'on vous conseille et non pas qu'on vous loue.
Lettre *M*. — Marc, Maurice.— Michel a raconté ses peines à Marius. — Moineau qu'on tient vaut mieux que l'oie qui vole.

Lettre *N*. — Nantes, Nîmes, Nicolas. — Nous visiterons prochainement Nice, Narbonne et Nantes.

Lettre *C*. — Charles, Cécile, Corbie. — C'est un honneur de servir sa patrie.

Lettre *G*. — Gap, Gaston, Georges. — Garde-toi, tant que tu vivras, de juger les gens sur la mine.

AVRIL. — Lettre *L*. — Lille, Louis, Lorient. — Les belles actions cachées sont les plus estimables.

Lettre *S*. — Saumur, Sens. — Sara a habité Saintes et Lons-le-Saulnier. — Si tu veux qu'on t'épargne, épargne aussi les autres.

Lettre *E*. — Ernest, Épinal. Émile. — Eugène passera ses prochaines vacances à Évreux, à Étampes et à Elbeuf. — En toute chose il faut considérer la fin.

Lettre *O*. — Orléans, Océanie. — On recueille ce qu'on a semé.

Lettre *V*. — Victor, Vire, Valence. — Virginie a parcouru les départements de la Vienne et de Vaucluse. — Vivre de peu, c'est être vraiment riche.

Lettre *U*. — Ussel, Ulysse. — Urbain et sa sœur Ursule reviennent d'Uzès. — Une once de vanité gâte un quintal de mérite.

MAI. — Lettre *Y*. — Yonne, Yvetot, Yves. -- Yvonne passera l'été à Ypres.

Lettre *Q*. — Quimper, Quiberon. — Qui juge légèrement se trompe lourdement.

Lettre *T*.—Toulouse, Tours, Thomas, Théodore.—Tant que tu vivras, cherche à t'instruire.

Lettre *B*. — Boileau, Bordeaux, Boulogne. — Bien mal acquis ne profite jamais.

Lettre *R*, — Rouen, Rennes, René, Rosine. — Regarder au-dessous de soi, et non au-dessus, c'est l'art d'être heureux.

Lettre *P*. — Paris, Pierre, Pascal, Péronne, Paul, — Pauline et Patrice se promènent sur la route. — Pierre qui roule n'amasse pas mousse.

JUIN, — Lettre *F*. — France, Félix, Falaise. — Fais ce que dois, advienne que pourra.

Lettre *D*.—Dijon, Douai, Doullens.— Dis-moi qui tu hantes, je te dirai qui tu es.

Lettre *I*. — Isère, Issoire, Issoudun, Isabelle. — Il ne faut jamais remettre au lendemain ce que l'on peut faire le jour même.

Lettre *J*. — Jules, Jura, Julien. — Joseph et Jérôme parlent peu et écoutent toujours.

Lettre *H*. — Henri, Honfleur, le Hâvre. Heureux l'enfant qui respecte son père et sa mère.

Lettre *K*. — Karikal, Kellermann. — Kléber naquit à Strasbourg en 1753.

Lettre *Z*. — Zama, Zélande, Zoé. — Masséna a remporté la victoire de Zurich, en 1799.

JUILLET-AOUT. — Révision générale.

LANGUE FRANÇAISE

A. — GRAMMAIRE

Partant d'exemples, de mots connus des enfants, exprimant des idées qui leur sont familières, le maître appelle leur attention sur l'objet de la leçon. Par des questions bien posées, à leur portée, s'enchaînant naturellement l'une l'autre, par une sorte de conversation, en un mot, dans laquelle ils interviennent tous, à tour de rôle, il les amène à trouver, à découvrir, à formuler la définition ou la règle qu'il s'est proposé de leur enseigner. Par de petites phrases, composées d'une seule proposition, qu'il écrit ou fait écrire au tableau noir, il s'assure ensuite qu'il a été suffisamment compris.

Des interrogations et des applications orales suivent immédiatement l'exposition de la leçon ; elles ont pour objet : les premières, de faire reproduire par les élèves, d'une façon aussi simple et aussi correcte que possible, ce qu'ils doivent connaître et retenir ; les secondes, de rendre plus nets et plus clairs dans leur esprit, la règle, la définition ou le principe étudiés.

Les élèves sont enfin appelés à formuler cette règle, cette définition ou ce principe.

Un résumé, pris dans le livre qu'ils ont entre les mains, est appris par cœur et récité à la leçon suivante.

En vue de les exercer à appliquer seuls ce qui leur a été enseigné, des devoirs écrits leur sont donnés à la suite de chaque leçon.

Ces devoirs peuvent varier à l'infini. Ce sont ou des applications à faire, à trouver, à inventer sur les règles étudiées, ou des phrases à composer sur l'objet même de la leçon, ou de petites analyses, etc. Ces différents exercices non seulement contribuent à graver dans la mémoire des enfants les règles grammaticales, mais offrent au maître, par l'explication du sens des phrases choisies ou trouvées, l'occasion de travailler au développement de leur intelligence et de leur cœur.

Quel que soit le cours auquel on s'adresse, la méthode à suivre est la même.

Des exercices oraux ou écrits de conjugaison et d'analyse grammaticale et logique ont lieu pendant toute l'année.

B. — RÉCITATION DE MORCEAUX CHOISIS

« La récitation vient en aide à la lecture et facilite l'élocution ; elle orne l'esprit de l'enfant, elle le meuble de mots, de locutions, de tournures que la mémoire lui fournira dans la conversation et dans la composition française.

« Les morceaux choisis sont des extraits en vers et en prose des œuvres de nos meilleurs auteurs. Ils doivent être intéressants, gradués et variés. Au début, des vers, plus tard, de la prose.

« Le texte de la leçon à apprendre est lu avec soin d'abord par le maître qui le commente et en fait dégager les idées principales. Il donne lui-même le ton, combat l'accent local, corrige les vices de prononciation, et habitue les élèves à ouvrir la bouche et à articuler nettement.

« Pour les cours préparatoire et élémentaire, les textes, très courts, sont écrits au tableau noir, épelés, lus, expliqués, appris et récités pendant les leçons de français ou de lecture.

« Dans le cours moyen, les morceaux choisis peuvent servir de devoirs de français ou de dictées.

« La liste des textes appris dans chaque cours depuis la rentrée d'octobre est affichée dans la salle de classe. »

(Org. péd. des Ecoles du Département).

C. — EXERCICES ÉCRITS

Dictée d'Orthographe. — La dictée, indépendamment de son utilité propre qui est d'apprendre l'orthographe et la grammaire, est un moyen commode et sûr de compléter et d'étendre l'instruction primaire. — Que d'explications peut suggérer une dictée bien choisie et bien appropriée à la division où elle est donnée. Elle apprendra aux élèves à écrire correctement des phrases simples, à appliquer les règles d'accord, avec une sûreté pour ainsi dire automatique, en même temps qu'elle permet au maître de leur offrir une ample provision de notions de choses tout à fait élémentaires ou de développer, à l'occasion de tel ou tel sujet, leurs sentiments moraux ou patriotiques.

Une bonne dictée doit présenter des qualités diverses, entre autres, un style irréprochable, un sujet intéressant et instructif, des difficultés en rapport avec le savoir des élèves, l'application des règles grammaticales récemment étudiées.

Il convient de rejeter les textes dans lesquels on a accumulé, sans souci du bon sens, des difficultés orthographiques de toute nature, des *participes passés*, des *tout*, des *quelque*, des *même*, etc., à n'en plus finir.

Les dictées doivent être courtes, afin que le maître ait le temps de les expliquer convenablement ; il est bon de ne pas dépasser quatre lignes dans le cours préparatoire, huit lignes dans le cours élémentaire, douze lignes dans le cours moyen, vingt à vingt-cinq lignes dans le cours supérieur.

Même pour les débutants, la dictée doit offrir un sens complet et ne se composer que rarement de phrases détachées visant telle ou telle règle grammaticale. Il ne paraît pas nécessaire que le texte donné à ces jeunes enfants contienne plus de trois ou quatre fois l'application de la règle que l'on a en vue.

Il importe d'apporter une suffisante variété dans le choix des textes et d'éviter que le même texte, coupé en plusieurs parties, puisse donner lieu à trois ou quatre dictées roulant sur le même ordre d'idées. Après un sujet historique vient un sujet moral ou géographique ; un sujet littéraire succède à un sujet scientifique, etc.

Il est utile que les dictées apprennent aux enfants à connaître les plus grands noms de notre littérature. Par suite, il est nécessaire de toujours indiquer la provenance du morceau, lorsqu'il a un caractère littéraire, et, à cette occasion, de dire quelques mots de l'auteur, de sa vie, de son siècle, de son genre, — cela dès le cours moyen.

Il ne suffit pas de bien choisir une dictée, il faut aussi la bien donner et la bien corriger.

La dictée au Cours élémentaire. — Le texte est lu d'abord avec soin et expliqué au point de vue du sens des idées. Puis le maître dicte la première phrase qu'un élève écrit au tableau noir, en même temps que ses camarades l'écrivent sur leur cahier. L'un d'eux est ensuite appelé à signaler les fautes qu'elle renferme. S'il ne peut les trouver, il est fait appel à un second, puis à un troisième, jusqu'à ce que tous les mots mal orthographiés soient corrigés. Les explications découlent naturellement des réponses des élèves et des fautes commises. Chaque élève rectifie ensuite sur son cahier les mots qu'il a mal écrits, et, afin qu'aucune faute n'échappe, la phrase est enfin épelée par tous.

On procède pour les autres phrases comme pour la première.

Les dictées faites ainsi à l'aide du tableau noir deviennent de plus eu plus rares à mesure que la fin de l'année scolaire approche.

On applique alors les mêmes procédés que dans le cours moyen.

La Dictée aux Cours moyen et supérieur. — Le texte est d'abord lu d'une manière nette, claire, expressive. Le fond et les termes qui pouraient embarrasser les enfants sont expliqués. Ce texte est ensuite dicté avec soin, assez lentement, de façon que les phrases ne soient pas trop coupées, puis relu par le maître, et si celui-ci le juge convenable, par un ou plusieurs élèves.

Quelques minutes leur sont accordées pour revoir leur travail. Vient ensuite la correction.

Le texte est épelé à haute voix par les élèves. Chacun corrige son travail ou celui d'un camarade. Le maître donne au fur et à mesure toutes les explications nécessaires, grammaticales ou autres.

Remarques : 1°. —· Ne pas faire épeler tous les mots, mais seulement ceux que les élèves pourraient mal orthographier ;

2°. — Ecrire au tableau noir les mots difficiles ;

3° Faire écrire en marge ou à la suite de la dictée les mots mal orthographiés ;

4° Lorsqu'une faute est constatée, le maître ne doit intervenir que si aucun élève ne peut la corriger ;

5° Les explications et interrogations ne portent que sur les règles qui ont déjà été étudiées. Saisir l'occasion d'une dictée pour exposer une nouvelle règle, c'est perdre son temps et fatiguer les élèves. Les interrogations sur ce qui a été vu les intéressent, à la condition toutefois qu'elles ne soient pas trop multipliées ;

6° Eviter les digressions inutiles pendant la correction. Ne pas attirer l'attention des élèves sur autre chose que sur l'objet de la leçon ;

7° Employer l'ancienne épellation ;

8° Exiger un emploi convenable des signes de ponctuation, des signes orthographiques et une bonne exécution de l'écriture expédiée.

Composition française. — L'exercice capital de l'école, celui qui demande le plus de soin et de préparation, est la rédaction.

Cours préparatoire. — Lorsqu'il arrive à l'école, l'enfant possède déjà quelques connaissances dont on peut tout d'abord tirer parti ; mais il n'a le plus souvent que des idées confuses et ne sait s'exprimer que dans un langage incorrect. Il faut donc commencer par mettre un peu d'ordre dans ses idées et lui apprendre à parler.

Le maître fera bien de bannir absolument le patois de l'école.

Parler beaucoup avec les jeunes enfants, en s'appuyant sur ce qu'ils savent déjà, et surtout les faire parler eux-mêmes, en surveillant et en corrigeant leur langage ; les habituer à réfléchir et à voir ; les entretenir de ce qui peut les intéresser, de leurs jeux, par exemple; les amener à répondre, non par monosyllabes, mais par phrases entières ; se garder des définitions abstraites ; donner l'éveil à leur jeune imagination par des récits amusants et en même temps instructifs, qu'ils reproduiront ensuite à l'aide de questions bien posées ; faire appel à leur jugement par des explications sur tous les objets qui les entourent ; exercer enfin leur mémoire par l'étude de petites poésies enfantines, qui auront pour effet de meubler leur esprit, de leur donner une provision de mots, d'idées et d'expressions; tout cela nous paraît, pour les élèves du cours préparatoire, la meilleure préparation à l'exercice de la Composition française (1).

La Composition française au cours élémentaire. — Les élèves de ce cours savent maintenant se faire comprendre ; ils ont

(1) On obtiendra des résultats certains par l'usage du Vocabulaire Desjardins. Editeur Poiré-Choquet à Amiens; 0 fr. 75.

été exercés à parler dans le cours précédent ; mais leurs connaissances sont encore bien bornées et il est de toute importance de bien graduer les difficultés. Le maître continue de causer avec eux, de les faire causer ; il les exerce à reproduire librement les différentes leçons (grammaire, histoire, etc.), en veillant toujours sur la correction de leur langage ; il leur explique ce que renferment certaines gravures, certaines images, et les habitue à répéter les explications données.

Les leçons de lecture lui fournissent l'occasion de leur adresser des questions multipliées, — c'est le meilleur moyen pour lui de s'assurer s'ils comprennent bien ce qu'ils lisent, — à l'aide desquelles ils résument le morceau lu. Parfois il leur fait un petit récit propre à les émouvoir, qu'ils reproduisent également au moyen des questions nombreuses qu'il leur adresse; enfin, par des exercices de récitation, il continue de meubler leur mémoire, il développe leur imagination et met à leur service des modèles d'expressions qu'ils s'assimileront peu à peu et qu'ils imiteront ensuite, même à leur insu.

Les premiers exercices écrits roulent sur les mots, car il faut, autant que possible, étendre le vocabulaire des enfants. Les autres devoirs comprennent des résumés de leçons de choses, des descriptions d'objets, des rédactions sur images, de petits récits, etc.

Il importe de bien préparer ces devoirs. Il est difficile d'obtenir des élèves qu'ils réfléchissent et qu'ils inventent. C'est au maître à réfléchir et à inventer pour eux. Le plus souvent, il lit avec soin le développement, de manière qu'ils le retiennent presque de mémoire, il traite le sujet au tableau noir avant qu'ils le fassent eux-mêmes sur leurs cahiers.

La Composition française aux cours moyen et supérieur.— La même méthode est suivie dans ces deux cours, mais en donnant plus de développement aux devoirs écrits. Les exercices sont aussi plus nombreux, plus fréquents, plus difficiles ; ils portent sur des points différents : exercices de récitation pour la culture de la mémoire, exercices de lexicologie, d'adaptation, de permutation pour étendre le vocabulaire des enfants et apprendre la construction correcte des phrases, exercices sur les homonymes et les synonymes, exercices d'étymologie et de dérivation, enfin exercices de rédaction proprement dits, se présentant sous des formes diverses : résumé d'une lecture expliquée, reproduction d'un récit lu par le maître, rédaction sur image, sur un sujet moral, historique, géographique, scientifique ; explication d'un proverbe facile, rédaction d'une lettre, compte-rendu d'une promenade, description d'une scène réelle de la vie scolaire ou domestique etc. Les élèves s'habitueront ainsi à dire ce qu'ils voient, à exprimer ce qu'ils sentent.

« Les journaux scolaires rendent de bons services aux instituteurs, mais le maître ne devra utiliser les devoirs qu'ils proposent qu'après s'être assuré qu'ils sont adaptés aux besoins de son école.

« Il ne suffit pas de bien choisir les sujets de rédaction; il faut encore, surtout au début, indiquer aux élèves la manière de les traiter, leur venir en aide dans le travail de l'invention et de la disposition. Sur le tableau noir, un élève inscrit, en quelques mots, au fur et à mesure qu'elles se produisent, ses propres idées et celles de ses camarades. Une fois les pensées trouvées, elles sont analysées et classées dans un ordre rationnel.

« Avec le temps, ce travail de préparation en commun s'abrège, se réduit en un canevas, en un sommaire de plus en plus limité, jusqu'à ce que les élèves soient abandonnés à leurs seules forces. Parfois l'instituteur indiquera quelques jours à l'avance le titre du sujet à traiter. L'élève pourra ainsi le mieux préparer en faisant quelques lectures.

« **Correction.**—Ainsi que le prescrit l'arrêté du 18 janvier 1887, les rédactions sont corrigées par le maître en dehors de la classe. Mais ce travail serait fait en pure perte si l'instituteur ne consacrait pendant la durée d'une classe suivante un certain temps à un compte-rendu de ce devoir. Quelque bien annotée que soit leur composition, les élèves se bornent, en général, à lire l'appréciation littérale écrite par le maître, à voir la note chiffrée qui y correspond, à moins que leur attention ne soit directement appelée sur les fautes qu'ils y ont commises. »

(Org. péd. des écoles du Département).

Deux procédés peuvent être appliqués pour la correction de la composition française :

1° Le maître examine, en dehors des heures de classe, le travail des élèves ; il signale les bons passages, il rétablit les phrases mal construites et inscrit une appréciation générale en marge de chaque devoir. Un compte-rendu des rédactions ainsi corrigées est fait à la leçon suivante. Le maître lit deux ou trois copies, choisies parmi les médiocres, les passables ou les mauvaises ; il fait remarquer aux élèves toutes les incorrections commises et les amène à les rectifier. Il termine par la lecture du meilleur devoir, ou si aucun ne lui paraît pouvoir être lu, par celle d'un devoir-modèle.

2° Le maître examine en dehors de la classe, le travail des élèves comme il est dit ci-dessus. Quelques instants avant la correction, il fait reproduire au tableau noir un des devoirs, choisi parmi ceux notés passablement ou médiocrement; puis il procède à la correction avec le concours des élèves groupés devant le tableau. Chacune des phrases du devoir est examinée au point de vue du fond et de la forme, redressée, s'il y a lieu, par les élèves eux-mêmes qui prennent ainsi une part très active à la correction.

La leçon se termine par la lecture du meilleur devoir ou d'un devoir modèle.

« Dans les classes nombreuses, on ne pourrait exiger de l'instituteur qu'il annotât complètement tous les devoirs. Pour ceux qu'il ne pourra pas corriger à fond, il soulignera les phrases et les mots incorrects, signalera les passages bien écrits ou contenant une pensée juste, inscrira en tête la valeur du devoir par une note chiffrée et par une appréciation littérale assez brève. »

(Org. péd. des écoles du Département.)

Cours préparatoire (1).

OCTOBRE. — Apprendre aux enfants à bien prononcer les mots dont ils se servent, à séparer ces mots dans les réponses qu'ils font. Les accoutumer à répondre en faisant des phrases complètes.

Petites conversations avec les enfants sur leurs noms, prénoms, leur âge, leur demeure, leur lieu de naissance, la profession de leur parents, les jours de la semaine, les mois de l'année, etc.—Petits morceaux de récitation appris simultanément.

NOVEMBRE. — *Suite des exercices du mois précédent.* Petites conversations avec les enfants. Historiettes racontées par le maître et répétées par les élèves. Epellation de mémoire de syllabes et de mots tirés de la leçon de lecture. — *Idée du nom.* — Noms de personnes, d'animaux et de choses.

Faire nommer par les enfants les personnes et les choses qui les entourent. Ex. oraux d'application sur le nom. — Ex. oraux d'invention — Conj. orale des verbes *être* et *avoir* à l'indicatif, avec un complément.— Exercices de mémoire.

DÉCEMBRE. — *Suite des exercices du mois précédent.* — Petites conversations, historiettes, épellation de mémoire de mots et de syllabes. — *Idée du nom* (suite).— Faire nommer des noms de personnes, d'animaux et de choses.— Petits exercices oraux d'application et d'invention. — Exercices oraux d'observation sur des images ou des objets. — Petits exercices de copie, conjugaison des verbes *avoir* et *être* à l'imparfait.— Exercices de mémoire comme précédemment.

JANVIER. — Causeries sur les objets que les élèves connaissent ou qu'ils ont sous les yeux, historiettes. — *Nom* (suite) : nom commun, nom propre.— Petits exercices oraux d'application et d'invention. — Exercices oraux d'observation sur des images ou des objets. — Petits exercices de copie. — Conjugaison orale des verbes *être* et *avoir* au passé défini. — Exercices de mémoire, comme ci-dessus.

____

(1) Voir les *Carnets Carton et Legrand* et le Vocabulaire Desjardins (Lib. Poiré-Choquet)

FÉVRIER. — Causeries, historiettes, comme dans le mois précédent. — *Nom* (suite); masculin, féminin. — Petits exercices oraux et écrits d'application. — Exercices oraux d'observation sur des images et sur des objets. — Conjugaison orale des verbes *être* et *avoir* au futur. — Exercices de mémoire.

MARS. — Continuation des mêmes exercices — *Nom* (suite), singulier et pluriel. — Petits exercices oraux et écrits d'application. Exercices oraux d'invention, d'observation, de mémoire, comme ci-dessus. — Conjugaison orale des verbes *avoir* et *être* aux quatre temps simples de l'indicatif. — Notions très élémentaires sur *l'adjectif qualificatif.* — Petites dictées au tableau noir de mots très simples — Exercices très élémentaire de vocabulaire.

AVRIL. — *Continuation des mêmes exercices.* — *Idée du verbe* restreinte aux verbes qui expriment l'action. — Faire citer des verbes. — Petits exercices d'application, d'invention et de mémoire. — Conjugaison orale de *verbes* de la *première conjugaison* aux quatre temps simples de l'indicatif. — Petites dictées au tableau noir de mots très simples.— *Exercices élémentaires de vocabulaire.*

MAI. — *Suite des exercices précédents.* — *Verbe* (suite), distinction des trois personnes. — Conjugaison des verbes de la *deuxième conjugaison* aux quatre temps simples de l'indicatif. — Exercices oraux d'observation, d'invention et de mémoire. — Petites dictées au tableau noir de mots très simples.— Vocabulaire.

JUIN. — *Continuation des exercices précédents.* — *Verbe* (suite) : les quatre conjugaisons, etc. — Conjugaison orale des verbes de la *troisième* et de la *quatrième conjugaison* aux quatre temps simples de l'indicatif. — Exercices d'application, d'invention, d'observation et de mémoire comme précédemment. — Petites dictées. — Vocabulaire.

JUILLET-AOUT. — Révision générale.

Cours élémentaire.

OCTOBRE. — Notions préliminaires : *lettres, voyelles et consonnes.* — *Syllabes et mots.* — Les trois sortes d'*é*, les *accents*; idée du *nom :* faire nommer les personnes ou les objets qui entourent les enfants, leur faire trouver, dans un texte donné, les noms qui désignent des personnes ou des choses. — Définition du nom. — *Verbe.* — Idée du verbe restreinte aux verbes exprimant l'action. — Faire citer des verbes et en faire trouver dans un texte donné. — Conjugaison orale et écrite des verbes en *er* au présent de l'indicatif, avec l'adjonction d'un complément. — Vocabulaire.

NOVEMBRE. — *Nom* (suite). — Distinction du nom commun et du nom propre. — Exercices d'application. — *Verbe :* distinction des trois personnes. — Idée du radical et de la terminaison. — Conjugaison orale et écrite de verbes en *er*, (avec adjonction d'un complément) à l'imparfait et au passé défini.— Etude de l'auxiliaire *avoir* aux temps simples de l'indicatif et au conditionnel. — Vocabulaire.

DÉCEMBRE. — *Nom* (suite) : masculin, féminin; singulier, pluriel. — Exercices d'application. — *Verbe :* distinction des conjugaisons ; conjugaison orale et écrite de verbes en *er* au futur simple et au conditionnel. — Etude de l'auxiliaire *avoir* aux temps composés de l'indicatif et du conditionnel. — Révision du trimestre.— Vocabulaire.

JANVIER. — *Nom* (suite) : formation du pluriel. — Principales exceptions. — Exercices d'application. — *Verbe.* — Idée du sujet au moyen d'exemples. — Exercer les élèves à trouver le sujet dans de petites propositions. — Conjugaison orale et écrite de verbes de la deuxième conjugaison au présent et à l'imparfait de l'indicatif. — Etude de l'auxiliaire *avoir* (fin). — Vocabulaire.

FÉVRIER. — *Article.* — *Adjectif.* — Exemples ; définition ; formation du féminin. — Exemples et exercices d'application. — *Verbe.* — Accord du verbe avec son sujet. — Conjugaison orale et écrite des verbes de la 2e conjugaison au passé défini, au futur simple et au conditionnel présent. — Vocabulaire.

MARS. — *Adjectif* (suite). — Règle générale de la formation du pluriel. — Accord de l'adjectif avec le nom. — Exercices d'application. — *Verbe* (suite). — Suite de l'accord du verbe avec son sujet. — Conjugaison orale et écrite des verbes de la *troisième conjugaison* aux quatre temps simples de l'indicatif et au conditionnel. — Etude de l'auxiliaire *être* aux temps composés de l'indicatif. — Révision du trimestre. — Vocabulaire.

AVRIL. — *Adjectif* (suite). — Accord de l'adjectif avec le nom. — Nombreux exercices d'application et d'invention sur le nom, l'adjectif et le verbe. — Adjectifs numéraux et démonstratifs. — *Verbe* (suite). — Accord du verbe avec son sujet. — Conjugaison orale et écrite des verbes de la *quatrième conjugaison* aux quatre temps simples de l'indicatif et au conditionnel présent. — Etude de l'auxiliaire *être* (fin). — Vocabulaire.

MAI. — *Adjectif* (suite). — Accord de l'adjectif avec le nom (suite). — Exercices d'application et d'invention sur le nom, l'adjectif et le verbe. — Les adjectifs possessifs et indéfinis. — Exercices d'application. — *Verbe* : accord avec le sujet. — Conjugaison des temps composés de l'indicatif et du conditionnel dans les quatre conjugaisons. — Vocabulaire.

JUIN. — *Pronom.* — Exercices d'application et d'invention sur le nom, l'adjectif et le verbe. — *Verbe* : accord du verbe avec son sujet (suite). — Conjugaison des verbes des quatre conjugaisons, d'abord à l'impératif, puis aux différents temps du subjonctif en employant une locution convenable. — Notions très élémentaires sur les *mots invariables.* — Vocabulaire.

JUILLET-AOUT. — Révision générale.

Cours moyen.

OCTOBRE. — Grammaire élémentaire. — Révision sommaire des notions préliminaires. — Les dix parties du discours ; *mots variables et mots invariables.* — Notions élémentaires sur la *proposition* et la *ponctuation.* — Révision du *nom.* — Genre et nombre. — Règle générale et exceptions relatives au pluriel des noms. — Exercices d'application. — Exercices sur les familles de mots : dérivés et composés. — Vocabulaire.

NOVEMBRE. — *Noms composés* : pluriel de ces noms. — *Article.* — *Adjectif.* — Exceptions à la règle générale de la formation du féminin et du pluriel dans les adjectifs. — Révision de la règle d'accord de l'adjectif avec le nom. — Règle d'accord de l'adjectif se rapportant à plusieurs noms. — Exercices d'application — Exercices sur les familles de mots. — Vocabulaire.

DÉCEMBRE. —Adjectif déterminatif. — Règle de *vingt, cent, mille, nu, demi, tout, même, quelque.* — Exercices d'application. — Exercices sur les familles de mots.

JANVIER. — Différentes sortes de *pronoms.* — Règle d'accord du pronom. — Exercices d'application. — Exercices sur les familles de mots.— *Verbe.* — Révision des premières notions. — Radical et terminaison. — Conjugaison.

FÉVRIER. — *Verbe.* — Observations sur les verbes des quatre conjugaisons.— Formation des temps : temps primitifs et temps dérivés. — Accord du verbe avec son sujet. — Exercices d'application et de permutation.

MARS. — *Verbe.* — Verbes irréguliers des quatre conjugaisons. — Remarques sur l'accord du verbe avec son sujet. — Conjugaisons par phrases. — Exercices d'application et de permutation.

AVRIL. — *Verbe.* — Principales espèces de compléments ; différentes sortes de verbes. — *Participe présent.* — *Participe passé.* — Règle générale d'accord. — Nombreux exercices d'application. — Conjugaison par phrases. — Exercices de permutation. — Révision générale du trimestre.

MAI. — Participe passé (suite). — Adverbe.

JUIN. — *Préposition.* — *Conjonction.* — *Interjection.* — *Ponctuation.* Homonymes. — Synonymes. — Exercices d'application. — Exercices sur les familles de mots.

JUILLET-AOUT. — Révision générale.

Cours supérieur.

OCTOBRE. — Objet de la *syntaxe.* — Etude de la *proposition.* — Termes essentiels : sujet, verbe, attribut. — Complément. — Proposition principale. — Proposition subordonnée. — Proposition incidente. — Phrases. — Exercices d'analyse logique en s'en tenant aux principes fondamentaux. — Révision des règles de la ponctuation.

NOVEMBRE. — Etude des principales difficultés que présentent le genre et le nombre de certains noms. — Pluriel des noms propres. — Pluriel des noms empruntés aux langues étrangères et des noms composés. — Exercices d'application. — Exercices d'étymologie.

DÉCEMBRE. — *Article.* — Emploi et suppression de l'article. — *Adjectif :* fonction, place et compléments des adjectifs. — Révision des règles d'accord de l'adjectif. — Noms employés adjectivement. — Adjectifs employés adverbialement. — Exercices d'application. — Exercices d'étymologie usuelle et de dérivation. — Révision générale du trimestre.

JANVIER. — Syntaxe des adjectifs déterminatifs. — Emploi et accord des adjectifs démonstratifs, possessifs, numéraux et indéfinis. — Exercices d'application. — Exercices d'étymologie usuelle et de dérivation.

FÉVRIER. — *Pronom.* — Emploi des pronoms en général ; principales remarques auxquelles donnent lieu la construction ou l'accord des pronoms personnels, démonstratifs, relatifs et indéfinis. — Exercices d'application. — Exercices d'étymologie usuelle et de dérivation.

MARS. — *Verbe.* — Accord du verbe avec son sujet ; principales exceptions à la règle générale. — Compléments des verbes. — Emploi des auxiliaires. — Cas difficiles relatifs à certains verbes irréguliers. — Exercices d'application, d'étymologie usuelle et de dérivation.

Révision du trimestre.

AVRIL. — *Verbe* (suite). — Révision du cours moyen en ce qui concerne la formation des temps et les différentes sortes de verbes ; emploi des modes et des temps.

Participe présent, adjectif verbal. — Règles générales et remarques particulières sur l'accord du *Participe passé.* — Nombreux exercices d'application. — Exercices d'étymologie usuelle et de dérivation

MAI. — *Participe passé* (suite).

JUIN. — *Mots invariables.* — Principales remarques auxquelles donne lieu l'emploi des mots invariables. — Exercices d'application.

JUILLET-AOUT. — Révision générale.

HISTOIRE

Cours préparatoire.

Dans ce cours, le livre n'est pas indispensable. Les leçons sont faites à l'aide de tableaux coloriés ou lithographiés, d'images, de gravures, qui parlent aux yeux des élèves, qui sont comme la représentation vivante des faits. Elles prennent surtout la forme de causeries familières, de récits, d'entretiens vifs et animés sur les principaux faits et les grands personnages de notre histoire nationale.

Il importe de les rendre aussi vivantes, aussi intéressantes que possible. Pour cela, le maître a sans cesse la craie ou l'image à la main ; il joint l'action à la parole, fait parler en quelque sorte les personnages, de façon que les enfants croient les voir et les entendre, choisit ses anecdotes de manière à y rattacher un grand nom ou un évènement important, se résume, fait résumer, interroge, etc.

OCTOBRE. — La Gaule et les Gaulois. — Aspect du pays. — Mœurs et coutumes. — Les Druides, le gui, les sacrifices. — Fondation de Marseille. — Les Romains en Gaule. — Vercingétorix et César. — Attila et Sainte-Geneviève. — Les Francs. — Clovis et Clotilde. — Soissons. — Tolbiac et Vouillé. — Les fils de Clovis. — Brunehaut et Frédégonde.

NOVEMBRE. — Les Mérovingiens. — Dagobert et Saint-Eloi. — Les rois fainéants, les Maires du palais. — Charles Martel à Poitiers. — Charlemagne. — — Ses principales guerres. — Roland. — Les écoles.

DÉCEMBRE. — La société féodale. — Les villes, les campagnes, le seigneur, le château, la cabane du serf, le beffroi, le couvre-feu, etc. — L'Evêque et les moines, l'abbaye. — Les Normands. — Siège de Paris. — L'an mil. — La trêve de Dieu. — La chevalerie. — Commencement des Croisades. — Pierre l'Ermite. — Godefroy de Bouillon.

JANVIER. — Philippe Auguste à Bouvines. — Saint Louis en Egypte et à Tunis. — Blanche de Castille. — Administration de Saint Louis. — Ses qualités, sa justice.

FÉVRIER. — La guerre de Cent ans. — Les canons de Crécy. — Le siège de Calais. — Ringois. — Etienne Marcel. — Jean le Bon à Poitiers. — Charles V et Duguesclin. — Azincourt. — Jeanne d'Arc.

MARS. — Louis XI et Charles-le-Téméraire. — Entrevue de Péronne. — Jeanne Hachette. — L'imprimerie et Gutemberg. — Christophe Colomb. — François Ier à Marignan, à Pavie. — Bourbon et Bayard. — Henri IV. — Son enfance. — Ses guerres. — Son entrée à Paris. — Sa mort. — Sully.

AVRIL. — Richelieu. — La Rochelle. — Louis XIV enfant et Anne d'Autriche. Mazarin. — Condé. — Turenne. — Rocroy. — Fribourg. — Lens. — Les grands Ministres et les grands Généraux. — Louis XIV au Parlement. — Louis XV. — Le Chevalier d'Assas. — Montcalm.

MAI. — La Révolution de 1789. — Les trois ordres de la Nation. — Le Serment du Jeu de Paume. — La prise de la Bastille. — La Fédération. — Le Drapeau tricolore. — Les Volontaires de 1792. — Viala. — Bara. — La Tour d'Auvergne. Valmy.

JUIN. — Napoléon Ier. — Les guerres de l'Empire. — La Campagne de Russie. — Waterloo. — Sainte-Hélène. - Prise d'Alger. — Napoléon III. — La Campagne de 1870. — Metz et Sedan. — Bazaine. — Les Prussiens à Paris. — Dury et Amiens. — Le général Faidherbe. — Pont-Noyelle. — Siège de Péronne. — Perte de l'Alsace-Lorraine.

JUILLET-AOUT. — Révision générale.

Cours Élémentaire (1).

Le maître revient en quelques mots sur la dernière leçon et en fait réciter littéralement le résumé. Il expose ensuite la leçon nouvelle en employant les mêmes procédés que dans le cours préparatoire. Il montre, s'il y a lieu, sur une carte murale, ou mieux sur un tracé au tableau noir, les lieux historiques dont il est question. Il lit ou fait lire par les élèves, sur leur manuel, le résumé qu'ils auront à étudier, en leur donnant toutes les explications nécessaires pour le leur faire bien comprendre. Enfin, il termine par un récit ou une description se rattachant à la leçon.

OCTOBRE. — La Gaule et les Gaulois. — Aspect du pays, mœurs et coutumes. — Les Druides ; le gui ; les sacrifices. — Fondation de Marseille. — Conquête de

---

(1) Caulle et Mathon. Résumés d'Histoire de France, Lib. Poiré-Choquet à Amiens, 0 fr. 35.

la Gaule par les Romains. — Le christianisme en Gaule. — Les Mérovingiens. — Les Francs. — Les Huns. — Attila et sainte Geneviève. — Clovis : Soissons, Tolbiac et Vouillé. — Les fils de Clovis. — La Neustrie et l'Austrasie. — Frédégonde et Brunehaut. — Dagobert et saint Eloi. — Les rois fainéants. — Les Maires du Palais.

NOVEMBRE. — Les Carlovingiens, leur origine.— Pépin d'Héristal. — Invasion des Arabes. — Pépin le Bref, Charlemagne. — Ses principales guerres. — Son administration. — Les écoles. — Louis le Débonnaire. — Bataille de Fontanet. — Traité de Verdun. — Démembrement de l'Empire de Charlemagne. — Charles le Chauve. Les Normands, siège de Paris. — Les derniers Carlovingiens. — La Société féodale. — Les villes, les campagnes, les seigneurs, le château. — Suzerain et vassal. — Bourgeois, vilains, serfs. — Misères de l'époque féodale.

DÉCEMBRE. — Les premiers Capétiens. — L'an mil. — Les famines, la Chevavalerie, la Trève de Dieu. — Philippe Ier et Guillaume le Conquérant. — Conquête de l'Angleterre par les Normands. — La première croisade. — Pierre l'Hermite, le Concile de Clermont. — Godefroy de Bouillon. — Prise de Jérusalem. — Révision des matières étudiées dans le trimestre.

JANVIER. — Louis le Gros et Suger. — Les communes, l'hôtel de ville, le beffroi, le couvre-feu, etc. — Louis VII. — La deuxième croisade. — Eléonore d'Aquitaine. — Philippe-Auguste. — Troisième et quatrième croisades. — Bataille de Bouvines, croisade des Albigeois. — Agrandissement de Paris. — Administration de Philippe-Auguste.

FÉVRIER. — Louis VIII, le Lion. — Blanche de Castille. — Saint-Louis. — Ses qualités, sa justice, ses institutions. — Joinville. — Philippe-le-Hardi. — Vêpres Siciliennes.

MARS. — Philippe le Bel. — Bataille de Courtrai. — Premiers Etats-Généraux. — Abolition de l'Ordre des Templiers. — Institutions de Philippe le Bel. — Ses trois fils. — Révision des matières étudiées dans le trimestre.

AVRIL. — Philippe de Valois. — Causes de la Guerre de Cent ans. — Bataille de Crécy. — Siège de Calais. — Ringois. — Jean le Bon. — Bataille de Poitiers. — Etats-Généraux de 1356. — Etienne Marcel. — La Jacquerie. — Traité de Brétigny.

MAI. — Charles V. — Bataille de Cocherel. — Duguesclin et les grandes Compagnies. — Administration de Charles V. — Charles VI. — Gouvernement de ses oncles. — Les maillotins. — Folie du roi. — Les Armagnacs et les Bourguignons. — Bataille d'Azincourt. — Traité de Troyes.

JUIN. — Charles VII. — Jeanne d'Arc à Domrémy, à Chinon, à Orléans, à Reims, sa captivité, sa mort. — Batailles de Formigny et de Castillon. — Fin de la Guerre de Cent ans. — Institutions du règne de Charles VII. Révision des matières étudiées dans le trimestre.

JUILLET-AOUT. — Révision générale.

Cours moyen (1).

Le maître rend compte rapidement du dernier devoir et fait réciter le résumé de la leçon précédente ; puis par une série de questions habilement posées, il rattache cette leçon à la nouvelle, qu'il expose à l'aide d'un plan très court, écrit au tableau noir, en rapport avec le texte du livre en usage dans l'école.

Il développe chacun des points d'une façon aussi claire, aussi nette que possible, évitant les détails inutiles, s'interrompant de temps à autre pour interroger les élèves et s'assurer qu'il est suivi et compris.

Toutes les fois que la leçon s'y prête, il montre, sur un croquis au tableau noir, les lieux historiques dont il est parlé.

Il fait lire ensuite par les élèves, dans leur manuel, certains passages qu'ils auront à étudier, en accompagnant cette lecture des explications et commentaires qu'elle comporte.

Viennent ensuite une lecture bien choisie se rattachant à la leçon et un court devoir écrit. Ce devoir prend différentes formes : tantôt c'est une période à résumer, la vie d'un personnage à raconter ; tantôt c'est une carte à faire, un tableau synoptique à dresser. Le maître l'examine en dehors de la classe, rectifie les principales erreurs et l'annote succinctement.

Il convient d'insister, lorsqu'il y a lieu, sur les faits se rapportant à l'histoire locale.

OCTOBRE. — Révision rapide de ce qui a été vu dans le Cours élémentaire.
Louis XI. — Ligue du Bien public. — Charles le Téméraire. — Entrevue de Péronne. — Charles le Téméraire à Nesle et à Beauvais. — Jeanne Hachette. — Traité de Picquigny. — Ruine de la maison de Bourgogne. — Politique et administration de Louis XI. — Grands faits du XV° siècle. — Invention des armes à feu. — Découverte de l'imprimerie. — Découverte de l'Amérique.

NOVEMBRE. — Minorité de Charles VIII. — Anne de Beaujeu. — Les guerres d'Italie. — Charles VIII à Naples. — Louis XII. — Conquête du Milanais. — François Ier à Marignan. — Bayard. — Paix perpétuelle. — Concordat. — Rivalité de François Ier et de Charles Quint. — Bataille de Pavie. — Traité de Madrid. — Henri II. — Metz, Toul et Verdun. — Paix de Cateau-Cambrésis. — La Renaissance : Les écrivains, les artistes, les châteaux. — La Réforme. — Luther. — Calvin. — François II et Marie Stuart. Les guerres de Religion. — Conjuration d'Amboise. — Catherine de Médicis. — Guise, Condé, l'Hôpital et les politiques.— Coligny. — La Saint Barthélemy. — Henri III. — Les Guises et la Ligue. — Henri IV. — Arques. — Ivry. — Siège de Paris. — Edit de Nantes et paix de Vervins. — Sully. — Administration de Henri IV. — Sa mort.

DÉCEMBRE. — Louis XIII. — Concini. — Etats-Généraux de 1614. — De Luynes. — Richelieu. — Les Grands, les protestants. — Seconde période de la

(1) Caulle et Mathon, Simples résumés d'histoire de France, 0 fr. 35. Lib. Poiré-Choquet.

guerre contre la maison d'Autriche : guerre de Trente ans, période française. — Minorité de Louis XIV.— Condé, Turenne, Mazarin. — Anne d'Autriche. — Traités de Westphalie. — La Fronde. — Traité des Pyrénées. — Gouvernement personnel de Louis XIV, — Colbert, Louvois, Vauban. — Guerre de Dévolution. — Traité d'Aix-la-Chapelle. — Guerre de Hollande. — Duquesne. — Traité de Nimègue. — Apogée de la grandeur de Louis XIV. — Révocation de l'édit de Nantes. — Ligue d'Augsbourg. — Guillaume d'Orange. — Luxembourg. — Tourville, Jean-Bart. — Traité de Ryswick. — Guerre de la succession d'Espagne. — Vendôme, Villars, Denain. — Traités de Rastadt et d'Utrecht. — *Les grands hommes du xvii⁰ siècle.*

JANVIER. — Révision des matières étudiées dans le trimestre précédent.

Etat de la France à l'avènement de Louis XV. — Le Régent. — Law. — Guerre de la succession de Pologne. — Guerre de la succession d'Autriche.,— Fontenoy. — Le maréchal de Saxe. — Paix d'Aix-la-Chapelle. — Guerre de sept ans. — Montcalm. — Duplеix. —· Traité de Paris. — Choiseul. — Pacte de famine. — Maupeou. — Terray. — Suppression des parlements. — Lettres, sciences et arts : Voltaire, Rousseau, Montesquieu, etc. — Louis XVI. — Turgot. — Guerre d'Amérique. — La Fayette. — Necker. — Convocation des Etats généraux.

FÉVRIER. -- La Révolution française. — Les Etats généraux. — Les cahiers. — *L'Assemblée nationale constituante.* — Prise de la Bastille. — Le drapeau tricolore. — La Fayette. — Nuit du 4 août. — Journées des 5 et 6 octobre. — Mort de Mirabeau. — Fuite du roi. — Constitution de 1791. — *L'Assemblée législative.* — Les Girondins. — Dumouriez. — Expédition aux Pays-Bas. — Journée du 20 juin. — Manifeste de Brunswick. — Journée du 10 août. — Prise de Verdun. — Massacres de Septembre. — Victoire de Valmy. — *Convention nationale.* — Les Montagnards. — Procès et exécution de Louis XVI. — Lutte entre la Gironde et la Montagne. — Tribunal révolutionnaire. — Comité de Salut public. — Insurrection en Vendée. — La Terreur, Danton, Robespierre. — Le 9 Thermidor. — Le 13 Vendémiaire. — Jemmapes. — Hoche, Marceau, Kléber, Moreau. — Conquête de la Hollande. — Pacification de la Vendée. — Institutions et Réformes de la Convention.

MARS. — Le *Directoire.* — Bonaparte. — Campagne de Bonaparte en Italie. — Ses victoires. — Traité de Campo-Formio. — Expédition d'Egypte. — Prise de Malte. — Batailles des Pyramides et d'Aboukir. — Siège de Saint-Jean-d'Acre. — Retour de Bonaparte. — Coalition de 1799. — Zurich. — Coup d'Etat du 18 brumaire. — Le *Consulat.* — Organisation administrative de la France. — Marengo, Hohenlinden. — Paix de Lunéville. — Le Concordat. — Perte de l'Egypte et de Malte. — Paix d'Amiens. — Prospérité de la France. — Jalousie de l'Angleterre. — Le Consulat à vie. — *L'Empire.* — Austerlitz. — Paix de Presbourg. — Iéna. — Eylau. — Friedland. — Paix de Tilsitt. — Blocus continental. — Apogée de la puissance de Napoléon. — Grands travaux. — Intervention en Espagne. — Campagne de Wagram. — Eckmühl. — Wagram. — Traité de Vienne. — Mariage de Napoléon avec Marie-Louise. — Campagne de Russie. — La Moskowa. — Incendie de Moscou. — La Bérésina. — Le Maréchal Ney. — Campagne d'Allemagne. — Lutzen. — Bautzen. — Dresde. — Mort de Moreau. — Leipzig. — Campagne de France. — Saint-Dizier. — Champaubert. — Montmirail. — Laon. — Arcis-sur-Aube. — Capitulation de Paris. — Abdication de Napoléon — L'Ile d'Elbe. —

Retour des Bourbons. — Leurs fautes. — Les Cent jours. — Waterloo. — Traité de Paris. — Sainte-Hélène.

AVRIL. — Révision des matières étudiées dans le trimestre.

La deuxième Restauration. — Louis XVIII. — La Terreur Blanche. — Expédition en Espagne. — Charles X. — Expédition d'Alger. — Violation de la Charte. — Révolution de 1830. — Gouvernement de Juillet. — Louis-Philippe Ier et son gouvernement. — Loi de 1833. — La question d'Orient. — Conquête de l'Algérie. — Prise de Constantine et de la Smala. — Bataille de l'Isly. — Soumission d'Abd-el-Kader. — Principaux Ministres. — Les lettres, les sciences et les arts sous la Restauration et sous Louis-Philippe.

MAI. — Révolution de 1848. — Le Gouvernement provisoire. — Ses premiers actes. — Le suffrage universel. — Election de la Constituante. — Les Journées de Mai et Juin. — Le prince Louis-Napoléon Bonaparte, président. — L'Assemblée législative. — Coup d'Etat du 2 Décembre 1851. — Le second Empire. — Guerre de Crimée. — Traité de Paris. — Guerre d'Italie. — Magenta. — Solférino. — Traité de Zurich. — Expéditions de Chine, de Cochinchine, du Mexique. — Sadowa. — Ses conséquences pour la France. — Le plébiscite.

JUIN. — Guerre avec l'Allemagne. — Wissembourg. — Wœrth. — Reichshoffen, Forbach, — Sedan. — La République. — Le Gouvernement de la Défense Nationale. — Gambetta en province. — Capitulation de Strasbourg et de Metz. — Siège et Capitulation de Paris. — Faidherbe dans le Nord. — Pont-Noyelle. — Bapaume. — Chanzy sur la Loire. — Bourbaki. — Garibaldi. — Préliminaires de Versailles. — Traité de Francfort. — L'Assemblée Nationale. — La Commune. — Thiers. — Mac-Mahon. — Constitution de 1875. — Jules Grévy. — Expédition de Tunisie 1881. — Expédition du Tonkin. — Présidence de Sadi-Carnot. — Exposition universelle de 1889. — Expédition du Dahomey. — Casimir Périer. — Félix Faure. — Expédition de Madagascar.

JUILLET-AOUT. — Révision générale.

Cours supérieur.

Même méthode d'enseignement que dans le cours moyen.

OCTOBRE. — Simples entretiens sur les Egyptiens, les Assyriens, les Babyloniens, les Grecs et les Romains.

NOVEMBRE. — Période Gallo-Romaine. — Période Mérovingienne. — Clovis et ses successeurs. — Les maires du palais. — Loi salique : condition des personnes et des terres. — Charles Martel à Poitiers. — *Mahomet.* — *L'Islamisme.* — *Invasion des Arabes.* — Pépin le Bref. — Charlemagne. — Louis le Débonnaire. — Traité de Verdun. — Les Normands. — Démembrement de l'empire de Charlemagne.

DÉCEMBRE. — La féodalité en France et en Europe. — Les Capétiens. — Formation du pouvoir royal. — Conquêtes des Normands en Italie et en Angleterre. — Fondation du royaume de Portugal. — Les Croisades, les ordres militaires. — *Lutte du Sacerdoce et de l'Empire.* — Louis le Gros. — Louis VII et Suger. — Philippe-Auguste et Richard Cœur de Lion. — Jean sans Terre. — Saint-

Louis, ses institutions. — Philippe le Bel et ses fils. — Les légistes; les premiers états-généraux.

JANVIER. — La guerre de Cent ans. — *Chute de l'Empire d'Orient.* — Triomphe du pouvoir royal sur la féodalité. — Institutions de Charles VII. — Louis XI et Charles le Téméraire: administration de Louis XI. — Charles VIII et Anne de Beaujeu. — Etats généraux de Tours. — *Angleterre : Guerre des deux roses.* — *Les Tudors.* — *Espagne : Ferdinand et Isabelle.* — *Conquête du royaume de Grenade.* — Grandes découvertes et grandes expéditions maritimes. — Christophe Colomb, Vasco de Gama. — Les guerres d'Italie. — L'Equilibre européen. — François Iᵉʳ et Charles-Quint. — La Renaissance, la Réforme. — Les Espagnols, les Portugais et les Français en Amérique.

FÉVRIER. — La monarchie absolue. — Henri IV, Sully. — Louis XIII. — Richelieu. — Guerre de Trente ans. — Condé, Turenne. — *Angleterre : les Stuarts,* — *Cromwell.* — Louis XIV, Anne d'Autriche. — Mazarin. — La Fronde. — Mazarin et l'Espagne. — Traité des Pyrénées.

MARS. — Gouvernement personnel de Louis XIV : politique extérieure. — Guerres : de Dévolution, de Hollande, de la ligue d'Augsbourg, de la succession d'Espagne. — Condé, Turenne, Duquesne, Luxembourg, Villars. — Les traités. — Gouvernement intérieur. — Colbert. — Louvois. — Révocation de l'Edit de Nantes. — Etat de la France en 1715. — Louis XV, la Régence, Law. — Fleury. — Successions de Pologne et d'Autriche. — Guerre de Sept ans. — Choiseul. — Partage de la Pologne. — Ecrivains et Philosophes du xviiiᵉ siècle. — Louis XVI, Turgot. — Guerre d'Amérique : Franklin, La Fayette.

AVRIL. — La Révolution française. — Les Etats-généraux. — Assemblée constituante, Assemblée législative. — Première coalition. — Le 10 août 1792. — La Convention. — Evènements intérieurs. — Procès de Louis XVI. — Les Girondins et les Montagnards. — La Vendée. — Le 9 thermidor. — Guerres : Valmy, Jemmapes, etc. — Directoire. — Bonaparte en Italie. — Expédition d'Egypte.

MAI. — Le Consulat : organisation administrative; Légion d'honneur ; concordat: deuxième campagne d'Italie. — Paix de Lunéville. — Paix d'Amiens. — L'Empire. — Coalition de l'Europe. — Campagnes d'Allemagne et de Prusse. — Expédition de Russie. — Campagne de France. — Première restauration. — Traité de Paris. — Charles X. — Affranchissement de la Grèce. — Prise d'Alger. — Les ordonnances, les journées de Juillet.

JUIN. — Gouvernement de Juillet. — Louis-Philippe Iᵉʳ. — La Charte — Prise d'Anvers. — Conquête de l'Algérie ; prise de Constantine; soumission d'Abd-el-Kader. — Ministres de Louis-Philippe. — Révolution de Février 1848. — Le second Empire. — Guerres de Crimée, d'Italie, du Mexique, contre la Prusse. — Traité de Francfort. — La troisième République. — La Commune. — Constitution de 1875. — Expéditions de Tunisie, du Tonkin, etc. — Réformes de la République. — Situation actuelle. — Lettres, sciences, arts dans la première moitié du xixᵉ siècle. — Découvertes, institutions, commerce, industrie, instruction.

JUILLET-AOUT. — Révision générale.

GÉOGRAPHIE

Cours préparatoire.

« Dans ce cours, l'enseignement de la géographie est essentiellement intuitif : le maître tire parti des accidents géographiques qui existent dans la commune ; il construit de petits reliefs en terre dans la cour de l'école ; il fait des tracés fictifs sur le tableau noir, etc. »

(Org. péd. des écoles du Département).

Les leçons revêtent surtout la forme de causeries familières, donnent lieu à de petits exercices servant à éveiller l'esprit d'observation des enfants ; ce sont, à vrai dire, des leçons de choses.

Cours élémentaire.

L'enseignement est intuitif comme dans le cours préparatoire. Le maître expose sa leçon à l'aide de la carte murale ou mieux d'un croquis tracé au tableau noir. Les élèves l'étudient sur l'atlas.

Les descriptions sont accompagnées de gravures destinées à les faire mieux comprendre.

Cours préparatoire et élémentaire.

OCTOBRE. — La classe et l'école. — Plan de l'école. — Ex. nombreux d'orientation — La boussole. — *Points cardinaux* et *points intermédiaires.* — La localité que l'on habite. — Principaux quartiers et édifices. — Leur situation au point de vue de l'orientation par rapport à l'école. — Population. — Commerce. — Industrie.

NOVEMBRE. — Les grandes villes de France. — Le canton. — Production, commerce, industrie (carte des communes du canton). — L'arrondissement. — Production, commerce, industrie (carte de l'arrondissement divisé en cantons).

DÉCEMBRE. — Le département. — Production, commerce, industrie. — (Carte du Département divisé en arrondissements. — La France et ses départements). Notions générales (données à l'aide du globe) sur la forme de la terre. — Le jour et la nuit. — Les climats et les saisons. — Pôles. — Equateur. — Méridien. — Les continents et les mers. — Races d'hommes ; en montrer les types. — Indiquer sur la carte les régions qu'elles habitent. — Les peuples civilisés et les peuples sauvages. — Récits sur les mœurs et coutumes des peuples sauvages.

JANVIER. — La mer. — Étendue de la mer. — Les grands océans. — Les mers qui baignent la France et les grandes mers qui baignent l'Europe. — Côtes, falaises, dunes. — Les pins maritimes. — Les boyas. — Brémontier. — Rochers, récifs, îles, archipels, presqu'îles, golfes, caps. — Grands marins et explorateurs. — Christophe Colomb. — Vasco de Gama, Magellan, La Pérouse.

FÉVRIER. — Récits d'aventures. — Robinson dans son île.— L'Isthme de Suez. — Marais salants. — La pêche. — Principales pêches. — La marée. — Le flux et le reflux. — Un port de mer. — Les grands ports de France. — Rivière, source, rive droite, rive gauche, amont et aval, affluent et confluent, embouchure. — Les cours d'eau du département. — Les grands fleuves de France.

MARS. — La vallée. — Colline, côteau, montagne, volcan, lave, etc. — Les Pyrénées, les Alpes, le Saint-Bernard, les Chiens du Saint-Bernard. — *France.* — Géographie physique. — Situation, limites, relief du sol, ligne de partage des eaux, montagnes, grands fleuves avec leurs affluents.

AVRIL. — *France.* — *Géographie politique.* — Les anciennes provinces. — Les départements. — Leurs chefs-lieux et les villes principales.

MAI. — *France.* — *Géographie politique* (suite). — Les anciennes provinces. — Les départements, leurs chefs-lieux et les villes principales.

La France agricole. — Les régions agricoles et leurs productions.

JUIN. — *La France industrielle.* — (Leçons de choses). — Désignation des centres français de production. — Carte de la France industrielle. — Houille, fer, sucre, toile, coton, dentelle, papier, soie, vin. — Voies de communication. — Canaux, chemins de fer, navigation, ports.

JUILLET-AOUT. — Révision générale.

Cours moyen.

Les leçons, exposées sur un croquis dessiné préalablement au tableau noir et que les élèves reproduiront, sont surtout descriptives. Le maître ne se borne pas à une sèche nomenclature de noms, d'accidents géographiques ; il s'efforce de vivifier son exposition par des explications, des détails intéressants sur l'aspect du pays, sur les habitants, etc.

Chaque leçon est accompagnée de lectures bien choisies qui la complètent, et suivie d'un exercice d'application consistant en une carte faite de mémoire, en comptes-rendus de voyages, en questions à développer, etc.

Les élèves sont fréquemment exercés au tracé des cartes sur le tableau noir et sur le papier. Ces cartes, sobres de détails, toujours comprises dans des limites naturelles, peuvent ne pas présenter une exactitude rigoureuse. L'essentiel, ce à quoi il faut tendre surtout, c'est que les enfants se rendent compte de la situation respective des différents points de la France.

OCTOBRE. — Le Globe terrestre. — Axe, pôles, équateur, méridiens. — Longitude et Latitude. — Points cardinaux. — Distinction de la géographie physique et de la Géographie politique. — Division du Globe terrestre en terre et en eaux.

NOVEMBRE. — Les grandes divisions du Globe. — *Asie, Afrique, Amérique et Océanie.* — Géographie générale : grandes chaînes de montagnes, grands fleuves. — Climats. — Etats et villes principales.

DÉCEMBRE. — *L'Europe.* — *Géographie physique.* — Aspect. — Montagnes. — Ligne de partage des eaux, mers, golfes, caps, etc. — Principaux fleuves.— *Géographie politique.* — Etats du Nord, du centre, du sud. — Gouvernements. — Villes principales, populations, etc.

JANVIER. — *France.* — *Géographie physique.* — Situation. — Limites. — Configuration. — Superficie. — Description du littoral. — Orographie. — Relief du sol. — Chaînes de montagnes. — Massifs. — Régions de Montagnes.— Régions de plaines. — Climat, température.

FÉVRIER. — *France.* — Versants de la mer du Nord, de la Manche, de l'Océan Atlantique, de la Méditerranée.

Géographie politique. — Les anciennes provinces, les départements, les arrondissements, leurs chefs-lieux. — Villes principales.

MARS. — *France.* — *Géographie politique* (suite). — Les anciennes provinces, les départements, les arrondissements, leurs chefs-lieux et villes principales.

AVRIL. — *France.* — *Géographie économique.* — Agriculture. — Régions agricoles.— Les végétaux, les animaux. — *Industrie.* — Industries extractives.— Carrières et mines. — *Commerce.* — Voies de communication, routes, canaux, chemins de fer. — Navigation maritime. — Commerce intérieur et extérieur.

MAI. — *Colonies.* — Algérie, etc. — Administrations communale et départementale. — Gouvernement central. — Services publics. — Travaux publics. — Ponts et chaussées. — Mines — Eaux et forêts. — L'armée. — La marine. — Les finances. — La justice. — L'instruction. — Les cultes, etc.

JUIN. — Etude assez développée du *Département de la Somme* (1).— Bornes, étendue, superficie, population, relief du sol. — Cours d'eau, forêts, productions. — Localités remarquables. — Hommes célèbres. — Lieux historiques.

JUILLET-AOUT. — Révision générale.

Cours supérieur.

Mêmes procédés d'enseignement que pour le cours moyen.

OCTOBRE. — Grandes divisions géologiques. — Les continents. — Relief du sol. — Les montagnes. — Les plaines. — Les vallées et les côtes. — L'Océan, les grandes divisions de la mer. — Les navires, les courants.— Les grands fleuves. — Les lacs. — Monde connu des anciens. — Les découvertes des xve, xvie et xviie siècles.

NOVEMBRE. — *Géographie physique, politique et économique de l'Asie et de l'Afrique.*— (Situation, superficie). — Côtes, îles principales, orographie et hydrographie. — Climat. — Etats et villes principales. — Productions animales, végétales et minérales, voies de communication, etc.

DÉCEMBRE. — *Géographie physique, politique et économique de l'Amérique, et de l'Océanie.* — (Situation, superficie, etc.— Voir le programme de novembre).

JANVIER. — *Europe.*— Situation.— Dimensions. — Température. — Climats.

(1) Petite géographie du Département de la Somme, par M. Porcher, Lib. Poiré-Choquet.

Mers et littoral. — Orographie. — Chaînes de montagnes. — Hydrographie. — Fleuves et lacs. — Races, langues.

FÉVRIER. — Géographie particulière des contrées de l'Europe. (*Indiquer pour chacune d'elles les villes principales, les ports remarquables, les productions animales, végétales, minérales, industrielles, le commerce. Importance de chaque contrée comparée à celle de la France aux divers points de vue agricole, commercial, industriel, etc.*

MARS. — *France.* — *Géographie physique.* — Dimensions. — Superficie. — Aspect. — Littoral. — Orographie. — Hydrographie. — Géologie.

Géographie politique. — Anciennes provinces. — Les départements et leurs chefs-lieux. — Sous-préfectures et villes principales.

AVRIL. — *France.* — *Géographie politique* (suite). — Anciennes provinces. — Les départements et leurs chefs-lieux. — Sous-préfectures, villes principales.

MAI. — *France.* — *Géographie économique.* — Agriculture. — Régions agricoles. — Industrie. — Carrières et mines. — Grandes usines. — Industries diverses. — Villes industrielles et manufacturières. — Commerce. — Voies de communication. — Routes. — Canaux. — Chemins de fer. — Navigation. — Ports : importations et exportations.

JUIN. — *Colonies.* — L'Algérie et la Tunisie. — Les autres colonies. — Géographie administrative de la France.

Étude approfondie du département de la Somme.

JUILLET-AOUT. — Révision générale.

INSTRUCTION CIVIQUE (1).

Les leçons d'instruction civique sont communes aux cours *préparatoire, élémentaire et moyen.*

Le maître interroge d'abord les élèves sur la leçon précédente et fait réciter le résumé qu'ils ont eu à étudier. Il expose ensuite, aussi simplement que possible, la leçon nouvelle en se guidant sur un plan préalablement écrit au tableau noir. Cet exposé est suivi de questions et d'un résumé oral. Si les élèves n'ont pas de manuel entre les mains, il leur dicte un résumé succinct qu'ils prennent sur un cahier spécial. — Lorsque la leçon s'y prête, il leur met sous les yeux les choses dont il les entretient : budget, registres de l'état-civil, avertissements de contributions, etc.

Indépendamment des leçons proprement dites, l'instruction civique est enseignée d'une manière indirecte, surtout aux élèves des cours

(1) Nonus. Résumés de Morale et d'Instruction civique ; nouvelle édition, revue par M. Porcher. 0 fr. 35. Lib. Poiré-Choquet.

préparatoire et élémentaire, au moyen des leçons d'histoire, de géographie, des exercices de lecture, etc.

De temps à autre, il est bon de donner, comme exercice de composition française, un sujet emprunté à cet enseignement.

OCTOBRE. — L'Instituteur partira de l'idée de famille pour s'élever rapidement à celle de l'État, en passant par les notions de commune et de département.

Ce qu'étaient la liberté, l'égalité et la fraternité avant 1789. — Le pouvoir absolu. — Le citoyen français. — Les principes de 1789. — Principaux *Droits* garantis à tous les citoyens : égalité devant la loi, liberté individuelle, politique, de travail, de conscience, de la presse, droit de propriété, vote de l'impôt, etc.

Principaux *devoirs* imposés à tous les citoyens : obligation scolaire, service militaire impôt.

NOVEMBRE. — La souveraineté nationale. — Le suffrage universel. — Légitimité et limites de la souveraineté nationale. — Les différentes formes de gouvernement. — Monarchie absolue, monarchie constitutionnelle, république. — Les comparer. — Obligations et droits des citoyens qui détiennent des fonctions publiques.

DÉCEMBRE. — *Administration.* — La commune. — Le Conseil municipal. — Le Maire, les Adjoints, leurs attributions. — Le canton. — L'arrondissement. — Le Sous-Préfet. — Le Conseil d'arrondissement. — Le département. — Le Préfet et le Secrétaire général. — Le Conseil général. — Le Conseil de préfecture. — *Révision du trimestre.*

JANVIER. — *L'État.* — *Les pouvoirs publics.* — La Constitution. — *Le pouvoir législatif.* — Le Sénat. — Mode d'élection. — La Chambre des députés. — Mode d'élection. — Conditions d'éligibilité. — Attributions du Sénat et de la Chambre des députés.

FÉVRIER. — La loi. — Confection d'une loi. — *Le Pouvoir exécutif.* — Le Président de la République. — Mode de nomination. - Durée de ses pouvoirs. — Ses principales attributions. — Les Ministres. - Responsabilité ministérielle. — Les divers ministères. — *Ministère de la justice.* — *Pouvoir judiciaire.* — Organisation. — Justice de paix.

MARS. — *Pouvoir judiciaire* (suite). — Tribunal de première instance. — Cour d'appel. — Ministère public. — Juges. — Cour d'assises. — Jury. — Cour de cassation. — Tribunaux spéciaux et Tribunaux administratifs. — La Force publique. — *Révision du trimestre.*

AVRIL. — *Ministère de la guerre.* — *Le service militaire.* — Nécessité de ce service. — L'armée de terre. — Tirage au sort. — Conseil de révision. — Dispenses, exemptions, ajournements. — Armée active, réserve, armée territoriale. — Obligations en cas de changement de domicile. — La discipline militaire. — Grades dans l'armée. — Différentes armes. — La médaille militaire et la Légion d'honneur. — *Ministère de la marine.* — Recrutement de l'armée de mer. — Inscription maritime.

MAI. — *Ministère des Finances.* — *L'impôt* ; sa nécessité. — Budget de l'État, budget du département, budget de la commune.— Contributions directes et indirectes. — Impôt foncier, cadastre. — Impôt personnel et mobilier. — Impôt des portes et fenêtres. — Patentes. — Impôt des boissons. — Timbre. — Droits de mutation. — Douanes, octrois. — Monopoles établis au profit de l'État : tabac, allumettes, cartes à jouer, poudre. — Postes et télégraphes. — Perception de l'impôt. — Paiement des dépenses.

JUIN. — *Ministère de l'instruction publique.* — L'enseignement. — Ses divers degrés. — Conseils universitaires. — Fonctionnaires de l'enseignement. — *Les autres ministères.* — Intérieur. — Affaires étrangères. — Agriculture. — Travaux publics. — Commerce, Industrie, Postes et Télégraphes. — Colonies. — *Révision du trimestre.*

JUILLET-AOUT. — Révision générale.

Cours supérieur.

OCTOBRE. — Ce que c'est qu'un État. — Lois. — Constitution. — Différentes Constitutions qui ont régi la France depuis 1789. — Le citoyen français. — Les principes de 1789.— Principaux *droits* garantis à tous les citoyens : égalité devant la loi, liberté individuelle, politique, du travail, de conscience, de la presse, droit de la propriété. vote de l'impôt, etc. — Principaux *devoirs* imposés à tous les citoyens : obligation scolaire, service militaire, impôt.

NOVEMBRE. – La souveraineté nationale. — Le suffrage universel. — Légitimité et limites de la souveraineté nationale. — Les différentes formes de gouvernement : monarchie absolue, monarchie constitutionnelle, République. — Les comparer. — Explication de la devise républicaine. — Obligations et droits des citoyens qui détiennent des fonctions publiques.

DÉCEMBRE. — *Administration.* — La Commune. — Le Conseil municipal. — Le Maire, les Adjoints, leurs attributions. — Budget communal. — Le Canton. — L'Arrondissement. — Le Sous-Préfet. — Ses attributions. — Le Conseil d'arrondissement. — Le Département. — Le Préfet. — Ses attributions. — Le Conseil général. — Le Conseil de préfecture — Budget et comptes du Département.

JANVIER. — Révision du trimestre précédent. — *L'État.* — *Les pouvoirs publics.* — La Constitution. — *Le pouvoir législatif.* — Sénat. — Mode d'élection. — Sénateurs inamovibles. — La Chambre des députés. — Mode d'élection. — Conditions d'éligibilité. — Attributions du Sénat et de la Chambre des députés.

FÉVRIER. — La loi. — Lois politiques, lois civiles. — *Le pouvoir exécutif.* — Le Président de la République. — Mode de nomination. — Durée de ses pouvoirs. — Ses principales attributions. — Les Ministres, responsabilité ministérielle. — Les divers ministères. — *Ministère de la justice.* — *Pouvoir judiciaire.* — Organisation. — Justice de paix.

MARS. — *Pouvoir judiciaire* (suite). — Tribunal de première instance. — Cour d'Appel. — Ministère public. — Juges. — Casier judiciaire. — Cour d'assises. —

Jury. — Cour de Cassation. — Tribunaux spéciaux et tribunaux administratifs.— La force publique. — *Révision du trimestre.*

AVRIL. — *Ministère de la guerre.* — Le service militaire. — Nécessité de ce service. — Tirage au sort. — Conseil de révision. — Dispenses, exemptions, ajournements. — Armée active, réserve, armée territoriale. — Obligations en cas de changement de domicile. — La discipline militaire. — Grades dans l'armée. — Différentes armes. — La médaille militaire et la Légion d'honneur.

Ministère de la marine. — Recrutement de l'armée de mer. — Inscription maritime.

MAI. — *Ministère des finances.* — *L'impôt.* — Diverses espèces d'impôts : Contributions directes et indirectes. — Impôt foncier, cadastre. — Impôt personnel et mobilier. — Impôt des portes et fenêtres. — Patentes. — Impôt des boissons. — Timbre. — Droits de mutation. — Douanes. — Octrois, monopoles établis au profit de l'Etat : tabac, allumettes, cartes à jouer, poudre. — Postes et télégraphes. — Explication des expressions : assiette de l'impôt, budget, centime communal. — Budget de l'Etat. — Administration financière : trésoriers-payeurs généraux, receveurs particuliers, percepteurs, contrôleurs, répartiteurs. — Payement des dépenses.

JUIN. — *Ministère de l'Instruction publique.* — Loi du 28 mars 1882. — Commission scolaire. — Caisse des écoles. — Aperçu sommaire de l'organisation de l'instruction publique en France. — Fonctionnaires de l'enseignement.

Autres ministères. — Intérieur. — Affaires étrangères. — Agriculture. — Travaux publics. — Commerce, Industrie, Postes et Télégraphes. — Colonies. — *Révision du trimestre.*

JUILLET-AOUT. — Révision générale.

ARITHMÉTIQUE
Calcul et Système métrique

Cours préparatoire (1).

« Les enfants seront initiés aux premiers exercices de calcul et de système métrique, au moyen de choses sensibles ; bûchettes, billes, boulier-compteur, etc. Il leur sera donné, dès le début, toujours par des procédés intuitifs, une idée des quatre opérations. Mais on aura soin, pour éviter toute confusion, de ne passer à une opération que lorsque les enfants auront une idée nette de la précédente. Chaque leçon sera précédée ou suivie d'exercices de calcul mental. L'étude de la table de multiplication commencera dès l'arrivée des enfants à l'école et se continuera dans la limite des nombres étudiés.

Pour le système métrique, les enfants seront exercés à reconnaître les mesures et à s'en servir. »

(Org. péd. des écoles du Département.)

(1) Cahiers Châteaux et Legrand, Cours enfantin, Carnets Carton et Legrand.

OCTOBRE. — *Calcul mental.* — *Les quatre règles appliquées intuitivement à des nombres de un à dix.*

Partant du nombre *un*, donner aux élèves une idée nette des dix premiers nombres en se servant du boulier-compteur, de bûchettes, de haricots, des dix doigts de la main, en faisant compter des objets sensibles, tables, portes, fenêtres, etc. — Exercices de calcul mental sur ces dix premiers nombres. Combien font 2 + 2 ? 7 — 4 ? — 8 est-il plus grand que 6 ? De combien ? 3 tables de 2 élèves, ou 3 fois 2 font ? Quel est le double de 2, 3, 4, 5, etc.? La moitié de 4, 6, 8, 10, etc.?

Calcul écrit. — Exercer les élèves à écrire et à distinguer les neuf premiers nombres.

NOVEMBRE. — Nombres de 1 à 20.

Calcul mental. — Mêmes exercices que ci-dessus sur les vingt premiers nombres.

Calcul écrit. — Ecriture et lecture des vingt premiers nombres : petites additions écrites sur des nombres concrets dont le total ne dépasse pas 20.

DÉCEMBRE. — Nombres de 1 à 50.

Calcul mental. — Mêmes exercices que ci-dessus sur les cinquante premiers nombres.

Faire compter les élèves de 2 en 2, de 2 à 50, de 1 à 50; de 3 en 3, de 3 à 50, de 1 à 50, de 2 à 50. — (*Les élèves comptent simultanément, puis séparément*).

Etude de la table de multiplication par 2.

Calcul écrit. — Ecriture et lecture des cinquante premiers nombres ; petites additions écrites sur des nombres concrets dont le total ne dépasse pas 50.

JANVIER. — Nombres de 1 à 60.

Calcul mental. — Mêmes exercices que précédemment sur les soixante premiers nombres.

Faire compter les élèves par 2, 3, 4, de 1 à 60, de 2 à 60, de 3 à 60, etc. (Comme ci-dessus).

Etude de la table de multiplication par 3.

Calcul écrit. — Exercer les élèves à écrire et à distinguer les soixante premiers nombres.

Petites additions sur des nombres concrets dont le total ne dépasse pas 60.

Système métrique. — Notion du mètre, faire mesurer la longueur de la classe, d'une table, etc.

FÉVRIER. — *Addition.* — Définition.

Calcul mental. — Nombres de 1 à 80. — Mêmes exercices que précédemment sur les 80 premiers nombres.

Petits exercices et petits problèmes oraux sur l'addition.

Faire compter les élèves par 2, 3, 4, 5, de 1 à 80, de 2 à 80, de 3 à 80, etc.

Etude de la table de multiplication par 4.

Calcul écrit. — Ecriture et lecture des 80 premiers nombres.

Petites additions sur des nombres concrets dont le total ne dépasse pas 70.

Système métrique. — Le mètre (suite).

MARS. — *Soustraction.* — Définition. — Nombres de 1 à 100.

Calcul mental. — Mêmes exercices que précédemment, sur les 100 premiers nombres.

Petits exercices et petits problèmes sur la soustraction. — Faire compter par 4, 5, 6, 7, comme le mois précédent.

Etude de la table de multiplication par 5.

Calcul écrit. — Ecriture et lecture des nombres de 1 à 100.

Petites soustractions sur des nombres concrets.

Système métrique. — Le litre. — Mettre les mesures entre les mains des enfants; faire mesurer la contenance d'un vase.

AVRIL. — *Calcul mental.* — Nombres de 1 à 100.

Etude de la table de multiplication par 6.

Exercices sur les quatre opérations comme précédemment.

Petits exercices et petits problèmes oraux sur l'addition et la soustraction (ne dépasser que rarement le nombre 100.

Exercices sur la multiplication par 2 et 3.

Faire compter par 7 et 8 comme précédemment.

Calcul écrit. — Ecriture et lecture des nombres de 1 à 100.

Petites additions et soustractions sur des nombres concrets.

Petites multiplications par 2 et par 3.

Système métrique. — Le litre (suite).

MAI. — *Calcul mental.* — Nombres de 1 à 100.

Etude de la table de multiplication par 7.

Exercices comme précédemment. — Compter par 8, 9 comme précédemment.

Calcul écrit. — Ecriture et lecture des nombres de 1 à 100.

Petites additions et soustractions sur des nombres concrets.

Petites multiplication sur des nombres concrets.

Système métrique. — Le gramme. — Faire peser.

JUIN. — *Calcul mental.* — Nombres de 1 à 100.

Etude de la table de multiplication par 8.

Mêmes exercices que précédemment (ne dépasser que rarement le nombre 100).

Exercices de multiplication par 2, 3, 4, 5. 6, 7. — Compter par 8 et 9,

Etude de la table de multiplication par 8.

Calcul écrit. — Ecriture et lecture des nombres de 1 à 100. — Additions, soustractions, multiplications sur des nombres concrets.

Système métrique. — Les monnaies.

JUILLET-AOUT. — Révision générale.

Cours élémentaire, moyen et supérieur.

Un ouvrage d'arithmétique peut rendre des services aux élèves des cours élémentaire, moyen et supérieur, mais il ne doit servir que de *memento* ou de guide pour la variété des exercices. Les recueils de problèmes sont surtout utiles aux maîtres.

Les élèves sont exercés simultanément au calcul mental (1) et au calcul écrit.

(1) Pour l'enseignement du calcul mental, voir les directions données dans l'organisation pédagogique des écoles du Département, pages 55 et suivantes.

Les opérations ont toujours lieu sur des nombres concrets.

Le choix des problèmes exige un soin tout particulier. En général, ils doivent être l'application des leçons précédentes, courts, gradués, plutôt faciles que difficiles, empruntés aux circonstances de la vie réelle, aux faits de l'économie domestique, rurale et industrielle, etc.

Les différents exercices de calcul sont toujours corrigés au tableau noir. Le maître s'assure d'abord que tous les élèves du cours ont fait leur travail. S'il s'agit d'un problème, il lit lentement et clairement l'énoncé. L'élève désigné pour la correction, — ordinairement un de ceux qui ont la réponse fausse, — écrit les données, en les séparant par un trait horizontal, puis répète cet énoncé en s'aidant des nombres qu'il a sous les yeux. Il est ensuite amené, par une série de questions, à formuler le raisonnement d'une manière sommaire, méthodique et précise. Il effectue les opérations à haute voix. Pour soutenir l'attention, particulièrement dans le cours élémentaire, ces opérations sont faites parfois par un ou plusieurs autres élèves ou même par tous ensemble. Dans le cours supérieur, le maître donne simplement le résultat de chacune d'elles. La solution achevée est reprise par deux ou trois élèves ; puis chacun corrige son propre travail. Enfin, le maître parcourt les devoirs, signale les erreurs non rectifiées, et met une annotation marginale.

Cours élémentaire (1).

OCTOBRE. — Nombres de 1 à 100.

Calcul mental. — Les quatre règles appliquées intuitivement à des nombres de 1 à 100. — Exercices et petits problèmes oraux sur l'addition de nombres entiers et concrets.

Numération. — Unité des différents ordres.

Calcul écrit. — Ecriture et lecture des nombres jusqu'à 100.

Addition des nombres entiers. — Ex. et problèmes.

Système métrique — Notion du mètre. — Multiples et sous-multiples.

Etude de la table de multiplication par 2 et 3.

NOVEMBRE. — Nombre de 1 à 500.

Calcul mental. — Les quatre règles appliquées intuitivement à des nombres de 1 à 500. — Compter de 1 à 500 par unités, dizaines et centaines. — Ex. et petits problèmes oraux sur l'addition et la soustration de nombres entiers et concrets.

Calcul écrit. — Ecriture et lecture des nombres de 1 à 500.

L'addition (suite). — Addition des nombres décimaux. — Ex. d'application. — La soustraction des nombres entiers.

Système métrique. — Le mètre (suite).

Etude de la table de multiplication par 4 et par 5.

DÉCEMBRE. Nombre de 1 à 1.000.

Calcul mental. — Les quatres règles appliquées intuitivement sur des nombres

(1) Carnets Carton et Legrand, nᵒˢ 1, 2, 3, 4, 5. Lib. Poiré-Choquet, 0 fr. 15 le numéro.

de 1 à 1000. — Exercices et petits problèmes oraux sur l'addition et la soustraction.

Calcul écrit. — Ecriture et lecture des nombres de 1 à 1000. — Soustraction des nombres décimaux. — Preuves de la soustraction. — Exercices et problèmes sur l'addition et la soustraction combinées.

Système métrique. — Notion du litre. — Multiples et sous-multiples. — Nombreux exercices de mesurage.

Etude de la table de multiplication par 6 et 7.

JANVIER. — Nombre de 1 à 1000.

Calcul mental. — Mêmes exercices que précédemment.

Calcul écrit. — Multiplication des nombres entiers. — Multiplication d'un nombre de plusieurs chiffres par un nombre d'un seul.

Exercices et problèmes sur la multiplication.

Système métrique. — Mesures de poids. — Multiples et sous-multiples. — Montrer les poids.

Etude de la table de multiplication par 8 et 9, etc.

FÉVRIER. — Nombres de 1 à 10.000.

Calcul mental. — Mêmes exercices que précédemment. — Petits problèmes oraux.

Calcul écrit. — Lecture et écriture des nombres de 1 à 10.000.

Rendre un nombre entier 10, 100, 1000 fois plus grand. — Multiplication de deux nombres entiers quelconques. — Exercices et problèmes d'application.

Système métrique. — Les mesures de poids (suite). — Les balances, leurs usages. — Différentes sortes de balances. — Faire des pesées. — Table de multiplication.

Etude des produits des neuf premiers nombres par 1, 2, 3, 4, 5, 6.

MARS. — Nombres supérieurs à 10.000.

Calcul mental. — Mêmes exercices que précédemment. — Petits exercices et problèmes sur les trois premières opérations.

Calcul écrit. — Lecture et écriture de nombres entiers quelconques. — Multiplication des nombres décimaux. — Preuve de la multiplication. — Exercices et problèmes d'application sur la multiplication et sur les trois premières opérations combinées.

Système métrique. — Les monnaies.

Table de multiplication par 7, 8 et 9.

AVRIL. — *Calcul mental.* — Exercices préparatoires à la division. — Combien de fois 7 est-il contenu dans 21, 35, 56, etc. — Petits exercices et problèmes sur les trois premières opérations.

Calcul écrit. — Division des nombres entiers. — Division d'un nombre de deux chiffres par un nombre d'un seul. — Division d'un nombre quelconque par un nombre d'un seul chiffre. — Exercices et problèmes sur la division et sur les trois premières opérations combinées.

Système métrique. — Les mesures de surface. — Idée du mètre carré. — L'are. — L'hectare. — Le centiare.

MAI. — *Calcul mental.* — Petits exercices et problèmes sur les quatre opérations.

Calcul écrit. — Division des nombres entiers quelconques. — Exercices et problèmes sur la division et sur les trois premières opérations combinées.

Système métrique. — Mesures de volume. — Idée générale du mètre cube, du décimètre cube, du centimètre cube.

JUIN. — *Calcul mental.* — Mêmes exercices que le mois précédent.

Calcul écrit. — Division des nombres décimaux. — Preuve de la division. — Exercices et problèmes sur les quatre opérations combinées.

Système métrique. — Les mesures de volume (suite). — Le stère.

JUILLET-AOUT. — Révision générale.

Cours moyen.

OCTOBRE. — *Arithmétique.* — Différentes sortes de nombres. — Numération des nombres entiers et décimaux. — Rendre un nombre entier ou un nombre décimal 10, 100, 1000 fois plus grand ou plus petit. — Addition et soustraction des nombres entiers et décimaux.

Système métrique. — Diverses espèces de mesures. — Leur emploi. — Multiples et sous-multiples décimaux des unités métriques. — Mesures effectives. — Doubles et moitiés.

Calcul mental. — Les élèves seront exercés pendant toute l'année à résoudre, d'abord oralement, tous les genres de questions ou problèmes sur des nombres convenablement choisis.

NOVEMBRE. — *Arithmétique.* — Multiplication des nombres entiers et décimaux. — Règles pratiques. — Preuve de la multiplication.

Système métrique. — Mesures de longueur. — Le mètre, ses multiples et ses sous-multiples. — Mesures réelles. — Forme et usages. — Valeur en mètres d'un degré du méridien, de la lieue de poste, de la lieue commune, de la lieue marine.

DÉCEMBRE. — *Arithmétique.* — Division des nombres entiers et des nombres décimaux. — Trouver le quotient de deux nombres entiers ou décimaux à moins de 0.1, à moins de 0,01 près, etc.

Système métrique. — De la surface en général. — Mesures de surface. — Définition du carré. — Mètre carré. — Multiples et sous-multiples. — Are. — Son multiple et son sous-multiple. — Rapport entre les mesures de superficie proprement dites et les mesures agraires.

JANVIER. — *Arithmétique.* — Révision des principes relatifs à la numération et aux quatre opérations fondamentales. — Divisibilité des nombres par 2, par 5, par 4, et par 25.

Système métrique. — Mesures de surface (suite). — Evaluation de la surface des figures géométriques simples : carré, rectangle, triangle, parallélogramme, trapèze, etc.

FÉVRIER. — *Arithmétique.* — Divisibilité des nombres par 3, 9, 6, etc. — Fractions ordinaires. — Rendre une fraction un certain nombre de fois plus grande ou plus petite. — Simplification des fractions. — Réduction au même dénominateur.

Système métrique. — Mesures de volume. — Mètre cube. — Ses sous-multiples. — Stère. — Rapport entre les mesures de volume proprement dites et les mesures pour les bois de chauffage.

MARS. — *Arithmétique.* — Addition. — Soustraction et multiplication des fractions ordinaires.

Système métrique. — Mesures de capacité. — Le litre, ses multiples et ses sous-multiples. — Mesures effectives. — Rapport entre les mesures de capacité et les mesures de volume.

AVRIL. — *Arithmétique.* — Division des fractions. — Conversion des fractions ordinaires en fractions décimales. — Révision des fractions.

Système métrique. — Mesures de poids. — Le gramme, ses multiples et ses sous-multiples. — Mesures effectives et mesures fictives. — Quintal et tonne. — Correspondance entre les mesures de poids et les mesures de volume et de capacité.

MAI. — *Arithmétique.* — Règles de trois et d'intérêt simple. — Résolution des problèmes par la méthode de réduction à l'unité.

Système métrique. — Les monnaies. — Titres des pièces de monnaie.

JUIN. — *Arithmétique.* — Règles d'escompte, de société, de partage proportionnel. — Nombres complexes.

JUILLET-AOUT. — Révision générale.

Cours supérieur.

OCTOBRE. — *Arithmétique.* — Révision du cours moyen. — Théorie très élémentaire de la numération. — Nombres entiers. — Explication raisonnée des deux premières opérations fondamentales sur les nombres entiers.

Système métrique. — Révision du cours moyen. — Longueurs et surfaces. — Anciennes mesures.

NOVEMBRE. — *Arithmétique.* — Nombres entiers. — Explication de la *multiplication* et de la *division* des nombres entiers.

Système métrique. — Révision du cours moyen. — Volumes et capacité.

DÉCEMBRE. — *Arithmétique.* — Divisibilité des nombres. — Caractère de divisibilité par 2, 3, 5, 9. — Preuve par 9 de la multiplication et de la division.

Système métrique. — Révision du cours moyen. — Les poids et les monnaies.

JANVIER. — *Arithmétique.* — Nombres premiers. — Recherche du p. g. c. d. de deux nombres. — Décomposition d'un nombre en ses facteurs premiers. — Recherche du p. p. c. m. et du p. g. c. d. de plusieurs nombres.

FÉVRIER. — *Arithmétique.* — Fractions ordinaires. — Fractions proprement dites; expressions fractionnaires; principes sur les fractions; simplification des fractions; réduction au même dénominateur.

Géométrie. — Évaluation des différentes surfaces : carré, rectangle, trapèze, losange, triangle, polygone quelconque, cercle.

MARS. — *Arithmétique.* — Opérations sur les fractions ordinaires. — Addition, soustraction, multiplication, division.

Géométrie. — Volume d'un cube, d'un parallélipipède, d'un prisme et d'un cylindre. — Problèmes d'application.

AVRIL. — *Arithmétique.* — Nombres décimaux. — Explication raisonnée des règles du calcul des nombres décimaux. — Analogie des nombres décimaux avec les fractions ordinaires et avec les nombres entiers. — Conversion des fractions ordinaires en fractions décimales et réciproquement.

Géométrie. — Volume du cône et de la pyramide, du tronc de cône et du tronc de pyramide. — Problèmes d'application.

MAI. — *Arithmétique.* — Méthode de réduction à l'unité appliquée à la résolution des problèmes d'intérêt, d'escompte, de partage, de moyenne. — Intérêt simple et intérêt composé. — Escompte en dehors et escompte en dedans. — Problèmes d'application.

Géométrie. — Cubage d'un massif de maçonnerie, d'un tas de sable ou de gravier, d'un fossé.

JUIN. — *Arithmétique.* — Rentes sur l'État. — Actions et obligations. — Problèmes d'application. — Partages proportionnels et moyennes. — Problèmes d'application.

Géométrie. — Surface et volume de la sphère. — Jaugeage d'un vase cylindrique, d'un seau, d'un tonneau. — Cubage d'un tronc d'arbre.

JUILLET-AOUT. — Révision générale.

GÉOMÉTRIE ET DESSIN

« L'enseignement proprement dit de la géométrie ne peut être donné dans les écoles à un seul maître.

« Dans le cours élémentaire, il sera fusionné avec celui du dessin, et dans le cours moyen avec celui du système métrique. L'instituteur se bornera à l'enseignement de notions théoriques suffisantes pour conduire rapidement les élèves à des applications pratiques.

La tachymétrie peut lui rendre dans ce cas de bons services ; à défaut du matériel Lagout, il aura recours à des plaquettes et à des solides décomposables, en bois, en carton, ou simplement fabriqués, séance tenante, par le collage de feuillets convenablement découpés. Il ne perdra pas son temps à démontrer que deux angles droits sont égaux, qu'en un point il n'existe qu'une perpendiculaire à une ligne droite, que le diamètre coupe le cercle en deux parties égales, car qui en doute ? Qu'il le montre sans le démontrer.

« Un cahier spécial pour le dessin, quadrillé au centimètre ou au demi-centimètre, est toléré pour les élèves du cours préparatoire ; ceux des autres cours feront leurs dessins sur le cahier journal ou sur un cahier spécial de papier blanc ou bulle.

« L'usage des cahiers avec modèles préparés, ne permettant pas de faire des leçons collectives profitables, doit être abandonné ou employé seulement comme procédé auxiliaire pour devoirs à domicile ou pendant les études.

. . . .

« Dans le cours préparatoire et dans le cours élémentaire, l'enseignement du dessin a pour objet d'exercer l'œil et la main de l'enfant, en lui apprenant à distinguer et à tracer les figures géométriques les plus élémentaires. Les élèves exécuteront à vue une série d'objets de plus en plus compliqués de forme, dans lesquels le maître fera reconnaître le caractère des lignes qui les composent : droites, verticales, horizontales, perpendiculaires, obliques parallèles, angles, circonférence, etc., de manière à remplir le programme ministériel. Le maître trace d'abord lui même la figure au tableau noir, il la nomme, en explique les caractères, et la fait reproduire par les élèves sur l'ardoise, puis sur le cahier. »

(Org. péd. des écoles du Département).

Cours préparatoire (1).

OCTOBRE. — Lignes horizontales et verticales ; en montrer dans l'école ; comparer la longueur de ces lignes. Exercices nombreux se bornant à la combinaison d'horizontales et de verticales à traits simples.

NOVEMBRE. — Comme le mois précédent. Exercices à traits doubles.

DÉCEMBRE. — Division des horizontales et des verticales en parties égales. Nombreux exercices avec traits simples.
Drapeau, Denticules, Banc de pierre, Perchoir, Grille, Ouverture de fenêtre.

JANVIER. — Comme le mois précédent. Exercices avec traits doubles.

FÉVRIER. — Lignes obliques. Combinaisons avec les horizontales et les verticales.

MARS. — Mêmes exercices qu'en février (à traits doubles).

AVRIL. — Programme des mois d'octobre et de novembre.

MAI. — Programme des mois de décembre et de janvier.
Volet, Caisse à fleurs, Fenêtre, Encrier, Grille, Parquet.

JUIN. — Programme des mois de février et mars.
Tasse et soucoupe, Poêlon, Croix, Marteau, Flèche.

---

(1) MM. les Instituteurs trouveront un excellent choix de modèles dans les cahiers enfantins, les Carnets de Jovoire de MM. Carton et Legrand et les cahiers de Dessin, méthode Mathon. On trouvera également à la Librairie Poiré-Choquet des cahiers quadrillés spéciaux pour le Dessin, le cent 3 fr. 50.

JUILLET-AOUT. — Révision de tous les exercices de l'année. Entonnoir, Tour, Niche, Tente, Bouteille, Maisonnette.

Cours élémentaire (1).

OCTOBRE. — Combinaisons d'horizontales et de verticales. — Division de lignes. — Exercices nombreux à traits simples ou doubles. — Exemples : Echelle, Palissade, Clôture, Niche, Commode.

NOVEMBRE. — Combinaisons d'obliques avec les horizontales et les verticales. — Exemples : Stère, Palissade, Guérite, Encrier, Chevalet.

DÉCEMBRE. — Mêmes exercices que dans les deux mois précédents avec des hachures.

JANVIER. — Tracé des angles. — En montrer. — Importance de l'angle droit. — Figures géométriques : Carré, parallélogramme.

FÉVRIER. — Carrelage.

MARS. — Exercices sur la circonférence circonscrite à un carré ; division de la circonférence ; polygones réguliers ; étoiles. — (A main levée).

AVRIL. — Tracé des courbes, leurs divisions, leurs combinaisons avec les lignes précédemment étudiées.

MAI. — Mêmes exercices que le mois précédent, en s'attachant spécialement aux courbes empruntées au règne végétal.

JUIN. — Dessiner à vue des objets très simples et des solides géométriques (banc, cube, pyramide).

JUILLET-AOUT. — Dessiner à vue des objets très simples et des solides géométriques. (Mêmes exercices qu'en juin).

Cours moyen (2).

OCTOBRE. — Révision du cours élémentaire par les exercices suivants : Lignes droites, horizontales, verticales, obliques, et leur division en parties égales ; parallèles, perpendiculaires, différentes sortes d'angles et leur division en parties égales.

NOVEMBRE. — Différentes sortes de triangles, carré, rectangle, parallélogramme, losange, trapèze.

DÉCEMBRE. — Ornements simples formés de lignes droites et combinés avec les polygones précédents, carrelages divers, parquets.

<hr>

(1) Cahiers de Dessin, Méthode Mathon. — Cours préparatoire et cours élémentaire (Editeur Poiré-Choquet).

(2) Cahiers de Dessin, Méthode Mathon. — Cours moyen et Cours de Dessin Gémouet. Livre du maître et modèles muraux. — Même Librairie.

JANVIER. — La circonférence et sa division en parties égales, polygones réguliers. Exercices d'application.

FÉVRIER. — Courbes usuelles : ellipses, ovales, oves, spirales. — Courbes empruntées au règne végétal, tiges et feuilles.

MARS. — Rosaces, fleurons, fleurs et fruits.

AVRIL. — Notions de perspective cavalière, ou dessin à vue d'objets très simples, tels que cubes, parallélipèdes, représentation d'objets combinés avec le cube et le parallélipède ; tels que tables, bancs, tabourets, palissades, établi de menuisier, etc.

MAI. — Suite des exercices précédents : prisme, cylindre, cône et sphère. Exercices d'application à des objets très simples.

JUIN. — Croquis cotés très simples, exécutés sur des objets usuels, tels que tables, bancs, tabourets.

JUILLET-AOUT. — Continuation des exercices précédents appliqués à des objets.

Cours supérieur (1).

OCTOBRE. — Tracé géométrique des perpendiculaires et des parallèles. Exercices d'application à des croquis cotés, tels que : tables, bancs, pupitres.
Feuilles, fleurs, fruits, feuille d'acanthe. (D'après l'estampe).

NOVEMBRE. — Division des droites en 2, 4, 8 parties égales et en un nombre quelconque de parties égales. — Division des angles. — Echelles de réduction.
Palmettes, culots, rinceaux.

DÉCEMBRE. — Construction des triangles : Différents cas. — Insister sur le triangle rectangle. — Exercices d'application d'après des croquis cotés.
Oves, rais de cœur, perles, denticules.

JANVIER. — Division de la circonférence. — Polygones réguliers : hexagone, triangle équilatéral, dodécagone, carré, octogone.— Applications à des carrelages. — Fragments d'architecture d'après l'estampe.

FÉVRIER. — Pentagone et décagone réguliers. — Polygones étoilés. - Applications à des sujets de décoration, chapiteaux divers.

MARS. — Circonférence et tangentes.—Application à des organes de machines. Etude spéciale des ombres propres et notions pratiques très élémentaires des ombres portées. — Application aux sujets suivants : Cube, parallélipède, prisme régulier hexagonal, pyramide régulière quadrangulaire.

AVRIL. — Raccordements les plus simples des lignes et des arcs entre eux.— Application à des organes de machines. — Continuation de l'étude des ombres : Cylindre, cône, sphère, etc.

(1) O. Gémonet, Le Dessin d'Ornement à l'Ecole primaire. Livre du maître et modèles muraux. (Editeur Poiré-Choquet).

MAI. — Moulures, filet, baguette, gorge, quart de rond, talon et doucine. — Rosaces. — Trophées divers.

JUIN. — Anse de panier. — Ove, ovale. — Ellipse. — Applications à des voûtes et à des sujets de décorations.— Dessins de quelques reliefs, tels que : palmettes, oves, rais de cœur, etc. — (Si l'école ne possède pas de modèles en relief, on continuera les exercices précédents en les variant (1).

JUILLET-AOUT. — Levé des plans très simples au mètre. — Cour de l'école, jardin, plan par terre de la maison d'école. — Coupe et élévation. — Continuation de l'étude des modèles en relief, ou à défaut, d'autres exercices variés, analogues à ceux du mois précédent.

Observations.

Dessin géométrique. — Exiger dès le début une grande propreté et veiller avec soin à l'entretien des compas et des tire lignes. Il est préférable de faire chaque dessin sur une feuille spéciale (2) avec la planchette et le té. Les traits au crayon doivent être à peine perceptibles afin de se servir de la gomme aussi peu que possible. Insister spécialement sur la bonne exécution, et à l'échelle adoptée, des croquis cotés ; c'est le meilleur exercice de dessin que nos élèves puissent faire.

Dessin à main levée. — Les exercices que comporte ce genre de dessin doivent être esquissés au fusain, puis exécutés au crayon Conté ; il est bon néanmoins d'en faire quelques uns à la plume. Il faut habituer les élèves dès les premiers jours à amplifier et à réduire les proportions des modèles. Exiger aussi qu'ils fassent vite.

SCIENCES PHYSIQUES ET NATURELLES
AGRICULTURE.

L'enseignement scientifique a surtout pour but de faire naître chez les enfants *l'esprit d'observation*. Il faut donc se garder d'observer pour eux, de leur présenter, avec l'objet, les remarques que l'on a faites soi-même, mais les habituer à s'exercer sur les choses qui les entourent. Cet enseignement a en outre un caractère *pratique* et *utilitaire*. Il fait une part restreinte aux

(1) Collection de Plâtres scolaires Bouflandeau et Gémonet (Même Librairie).
Cette collection est concédée gratuitement aux Écoles par la Préfecture de la Somme.

(2) On trouvera à la Librairie Poiré-Choquet de grands cahiers spéciaux et des blocs de feuilles à dessin pour le dessin géométrique.

Nota : Avec les blocs on peut se passer de la planche à dessin.

notions théoriques et s'attache particulièrement aux applications; il vise non à munir les élèves de connaissances étendues en physique, en chimie, en histoire naturelle, mais à leur donner, *sous forme de leçons de choses*, des notions générales exactes sur les objets de la nature, et spécialement sur ceux qui les environnent, qu'ils ont sous les yeux, à l'école, chez leurs parents, à la campagne, etc.

Cet enseignement n'est profitable qu'à la condition d'être réellement intuitif : d'où la nécessité de se procurer un petit matériel, d'avoir recours aux expériences.

DIRECTIONS PÉDAGOGIQUES.

« L'enseignement des *notions* d'agriculture que peut comporter le programme de l'école élémentaire doit s'adresser beaucoup moins à la mémoire des enfants qu'à leur intelligence ; il doit s'appuyer sur l'observation des faits journaliers de la vie agricole et sur une expérimentation simple, appropriée aux ressources matérielles dont dispose l'école, et destinée à mettre en évidence les notions scientifiques fondamentales des opérations culturales les plus importantes. Ce qu'il faut surtout apprendre aux enfants, à l'école rurale, c'est le pourquoi de ces opérations avec l'explication des phénomènes qui les accompagnent, et non le détail des procédés d'exécution, encore moins un résumé de préceptes, de définitions ou de recettes agricoles. Connaître les conditions essentielles du développement des végétaux cultivés, comprendre la raison d'être des travaux habituels de la culture ordinaire et celle des règles d'hygiène de l'homme et des animaux domestiques, voilà ce qu'il faudrait apprendre d'abord à tout agriculteur et l'on n'y peut parvenir que par la méthode expérimentale.

C'est dire qu'un maître fera fausse route, dont l'enseignement agricole consisterait uniquement dans l'étude et la récitation, par l'élève, d'un manuel d'agriculture, si bien conçu que fût ce manuel ; il faut nécessairement recourir à des expériences très simples et surtout à l'observation.

En effet, c'est seulement en mettant le phénomène sous les yeux des enfants qu'on pourra leur apprendre à observer, qu'on pourra établir dans leur esprit les idées fondamentales sur lesquelles repose la science agricole moderne, idées que l'écolier campagnard ne peut acquérir qu'à l'école où il ne sera jamais nécessaire de lui enseigner ce que son père sait mieux que l'instituteur et qu'il apprendra sûrement par sa propre expérience pratique.

L'école doit se borner à préparer l'enfant à l'apprentissage intelligent du métier qui le fera vivre et à lui donner le goût de sa future profession ; à cet égard, le maître ne devra jamais oublier que le meilleur moyen de faire aimer à un ouvrier son ouvrage, c'est de le lui faire comprendre.

Le but à atteindre pour l'enseignement agricole primaire, c'est, en résumé, d'initier le plus grand nombre des enfants de nos campagnes aux connaissances élémentaires indispensables pour lire avec fruit un livre d'agriculture moderne, pour suivre avec profit une conférence agricole ; c'est de leur inspirer l'amour de la vie des champs et le désir de ne point la changer pour celle de la ville ou de l'usine ; c'est de les pénétrer de cette vérité que le métier d'agriculteur, le plus indépendant de tous, est plus rémunérateur que beaucoup d'autres pour tout praticien laborieux, intelligent et instruit.

Emploi du temps.

Le but qui vient d'être indiqué serait difficilement atteint si l'on ne consacrait à l'agriculture que le temps réservé spécialement pour cet objet par le règlement ; si, en d'autres termes, l'enseignement des autres matières du programme restait trop étranger à la préparation de l'enfant à la vie qui l'attend à sa sortie de l'école. A la campagne surtout, le maître devra orienter son enseignement général dans le sens des besoins journaliers de la population qui l'entoure en donnant souvent à ses lectures, à ses exercices de langue française, de calcul, etc., une couleur agricole ; des poésies champêtres, des faits de la vie rustique, des problèmes présentés sous forme d'une comptabilité simplifiée et relatifs aux prix des denrées achetées ou vendues dans la région, aux mélanges composant les rations alimentaires du bétail, etc., apporteront fréquemment une aide précieuse à l'enseignement agricole proprement dit.........

Commentaire du programme officiel.

.... L'enseignement primaire élémentaire ne peut comporter, ou ne saurait trop le redire, un enseignement professionnel proprement dit. Tout ce que l'on demande à l'instituteur rural, c'est de donner à ses élèves, dans la mesure que comporte leur âge, le goût et l'intelligence des choses agricoles ; et il y parviendra sans surcharge pour le programme général, en donnant de l'unité à son enseignement scientifique et agricole qui doit former un tout bien coordonné où les notions de sciences physiques et naturelles, celles d'agriculture, d'hygiène, et s'il s'agit des filles, celles d'économie domestique, se pénètreront intimement et se compléteront mutuellement.

Voici, à cet égard, et pour chacun des trois cours, l'indication de la nature des leçons que l'application du programme officiel peut comporter à l'école rurale pour chaque semestre.

L'ensemble forme un cadre marquant les limites à atteindre par la bonne moyenne des élèves dont la scolarité sera complète.

Cours élémentaire.

(7 à 9 ans).

Les leçons de choses dans ce cours sont la continuation de celles qui ont été détaillées pour la classe enfantine et l'école maternelle ; au point de vue agricole, on demande simplement que les choses du jardin soient mises à contribution comme celles de la classe.

Cours moyen.

(9 à 11 ans).

La durée du cours moyen pour un même élève est au moins de deux ans ; en première année, c'est-à-dire à neuf ans, l'enfant ne peut acquérir que des notions scientifiques très rudimentaires et entrevoir leur application aux choses de l'agriculture ; c'est seulement après une première initiation, c'est-à-dire dans une seconde année, et avec des enfants d'au moins dix ans, qu'on peut aborder les premières notions d'agriculture proprement dite ; encore, devra-t-on, conformément aux prescriptions réglementaires, donner ces *notions à propos des lectures, des leçons de choses et des promenades.*

L'établissement de cette répartition en deux années ne présentera pas de difficulté dans les écoles à plusieurs classes ; à la campagne où les écoles sont pour la plupart à un seul maître, les leçons de sciences et d'agriculture seront généralement communes à toute la classe : elles comprendront nécessairement les connaissances appropriées à chaque groupe d'élèves et formeront une sorte d'enseignement concentrique dont chacun prendra une part proportionnelle à la portée et au développement de son intelligence.

Le maître aura bien rempli sa tâche, s'il obtient que ses élèves possèdent, selon la division à laquelle ils appartiennent, les connaissances indiquées ci-après pour chaque cours.

Première année du cours moyen.

Premier semestre

Il serait difficile « de donner une idée des principales fonctions de la vie », de parler avec fruit, par exemple, de la respiration, à des enfants ne sachant rien des propriétés de l'air, ne se doutant même pas qu'un gaz est une chose matérielle ; on devra donc examiner préalablement « les trois états des corps ».

Les notions de sciences naturelles et celles de sciences physiques pourront faire l'objet de leçons parallèles qui se complèteront mutuellement.

En histoire naturelle, on parlera des animaux d'abord ; l'homme viendra ensuite, quand les notions relatives à l'air, aux combustions auront été établies expérimentalement.

I. Les trois états des corps. — Quelques démonstrations simples sont indispensables pour faire observer et comparer ces trois états ; plonger dans l'eau un verre, un entonnoir l'ouverture en bas, faire échapper l'air : on le voit ou on le sent ; recueillir sous l'eau l'air sorti d'un soufflet, celui des poumons, le transvaser et le mesurer approximativement ; voilà des expériences nécessaires et réalisables partout sans dépense. Il en est de même des suivantes : produire de la vapeur d'eau, la condenser, en d'autres termes distiller de l'eau et observer les changements d'état ; préparer un peu d'oxygène, produire des combustions, les activer par un courant d'air, en reconnaître les produits ; mettre en évidence la pression atmosphérique, la force élastique de l'air ; le reste se fera plus tard.

Voici quelques indications destinées à montr... la forme des expériences simples à réaliser.

(Les maîtres et les maîtresses sont priés de se reporter, pour ces indications, à la brochure qui leur a été adressée avec le n° 2 du Bulletin départemental de 1897.)

II. Les animaux. — Sous forme de causerie, d'entretien famillier, le maître excitera la curiosité des enfants en leur parlant des animaux qu'ils voient chaque jour ; il choisira les faits les plus saillants de l'histoire de chacun d'eux ; le chien et le cheval fourniront la matière de plusieurs lectures, expliquées, commentées, de quelques petites leçons faites en s'aidant au besoin d'images ; on comparera entre elles les principales espèces de chien, le cheval à l'âne, le chat au tigre, au lion. Les habitudes des oiseaux de la basse-cour, l'histoire des voyages périodiques des hirondelles et d'autres oiseaux migrateurs, les métamorphoses de la grenouille, celles des hannetons et leurs ravages, celle du ver à soie, des abeilles et leurs produits, etc., fourniront le sujet de lectures et de conversations pleines d'intérêt.

III. L'homme. — La description sommaire du corps humain fera suite aux leçons sur les animaux; elle pourra être abordée avant la fin des leçons expérimentales qui viennent d'être indiquées; mais c'est après seulement qu'on parlera des fonctions de nutrition et de respiration auxquelles on se bornera, sauf à y ajouter quelques conseils relatifs à l'hygiène.

Deuxième semestre

La saison permettra de réunir les objets nécessaires aux démonstrations; tantôt les enfants ou le maître les apporteront en classe, tantôt ils se transporteront près des objets mêmes; on ne saurait admettre, à la campagne, une leçon de *choses* relatives aux plantes, à la botanique notamment, dans laquelle les *choses* ne seraient pas mises sous les yeux des élèves.

I. Les végétaux. — Il sera naturel de fixer d'abord l'attention des enfants sur un phénomène actif, la germination, facile à reproduire et à suivre dans ses diverses phases, surtout au printemps : un haricot ou une céréale, un gland ou un marron d'Inde, placés dans de la mousse ou du sable humide conviendront pour la démonstration. En disposant l'expérience sous la forme ordinairement adoptée pour les cultures dans l'eau, la graine étant supportée par un liège flottant sur l'eau, on verra parfaitement le développement des radicelles et de leurs organes essentiels, la coiffe et les poils absorbants.

C'est sur nature également qu'on étudiera la tige, la feuille et surtout la fleur. S'agit-il de cette dernière par exemple, on mettra un spécimen du sujet choisi entre les mains des enfants ; puis sous la direction commune du maître, chacun fera au moyen d'un canif, ou simplement d'une épingle, la séparation des pièces des verticilles floraux, calice, corolle, étamines et pistil. Quelques exemples bien choisis suffiront pour donner une idée des caractères de quelques familles botaniques, plus particulièrement intéressantes par leurs qualités ou leurs défauts (plantes utiles, plantes nuisibles).

II. Premières notions agricoles. — Pour des enfants qui n'ont pas encore dix ans, ces notions seront profitables à la condition d'être restreintes ; elles seront une amorce et une initiation destinées à préparer l'enfant à l'observation et à le familiariser avec la terminologie qu'on emploiera dans les « leçons plus méthodiques » des années suivantes.

Deuxième année du cours moyen.

Le plan à suivre reste le même qu'en première année ; le programme se complète de la manière suivante :

I. Notions scientifiques. — L'étude des combustions sera étendue à celle du gaz carbonique dont on montrera la présence dans les pierres calcaires. De la craie et quelques gouttes d'un acide minéral suffiront pour faire les expériences ou les constatations suivantes : transformer la craie en chaux vive (le poêle de la classe fournira une chaleur suffisante), constater la perte de poids par comparaison à un autre morceau de craie pareil au premier : action de l'eau sur la chaux vive : propriétés de la chaux éteinte, du lait de chaux, de l'eau de chaux : production d'acide carbonique, reconstitution de la craie.

Séparation mécanique, dans la terre végétale, de l'argile, d'une part, de la silice et du calcaire, d'autre part. Au moyen d'un peu d'acide chlorhydrique qui dissoudra le calcaire, on isolera ensuite la silice et enfin, par une dissolution de carbonate de soude, on pourra régénérer le calcaire ; cette expérience facile à expliquer ne demande qu'un peu de soin pour être convenablement exécuté. Il sera bon d'en conserver les résultats et de les disposer sur un carton.

II. Notions agricoles. — Examen, surtout dans les promenades, des principales espèces de sols.

On s'attachera à montrer aux enfants que les plantes, comme les animaux, ont besoin de nourriture pour vivre, et on réalisera à cet effet quelques cultures en pots et dans un carré du jardin ; l'expérience suivante sera le point de départ : semer quelques graines de plantes à croissance rapide, des haricots hâtifs, par exemple d'une part dans une bonne terre additionnée d'une dose suffisante d'engrais convenable, d'autre part dans un milieu stérile tel que de la terre épuisée, du sable, du gravier, ou même du verre cassé de la grosseur de ce dernier. La nécessité des engrais sera ainsi mise en évidence ; ou en fera connaître plus tard la composition.

Les premières notions relatives « aux travaux et instruments usuels de culture » seront données d'abord dans les promenades ; c'est dans les leçons « plus méthodiques » indiquées au programme du cours supérieur qu'on les complétera.

Le cours supérieur proprement dit est rarement organisé dans les écoles rurales ; ordinairement, les élèves les plus avancés ou les plus âgés forment une sorte de division supérieure du cours moyen. Quoi qu'il en soit, voici la règle à suivre :

Les enfants de douze ou treize ans devront recevoir un enseignement agricole plus étendu que celui qui est représenté par le programme du cours moyen ; **les maîtres ajouteront donc à ce qui précède,** pour leurs plus grands élèves, **tout ce qu'ils pourront du programme suivant,** dont l'application ne présentera aucune difficulté sérieuse, si les notions scientifiques fondamentales ont été préalablement établies d'après des expériences simples realisées en classe et les observations faites sur nature.

Cours supérieur.

(De 11 a 13 ans)

Les notions de sciences physiques et naturelles sont « une révision et une extension du cours moyen » ; l'extension portera essentiellement sur les connaissances applicables à l'hygiène en ce qui concerne l'homme et les animaux, sur les notions de physiologie végétale et sur quelques éléments de chimie en ce qui concerne les végétaux. Voici l'indication de la matière des leçons pour chaque semestre, les notions de sciences naturelles et celles de sciences physiques étant exposées en hiver et parallèlement, de façon à se compléter mutuellement.

Premier semestre.

I. Les animaux. — Les grands traits de classification seront établis sur des exemples pris, autant que possible, parmi les animaux du pays ; choisir de préférence ceux qui sont utiles ou nuisibles. Les animaux domestiques tiendront naturellement la première place, et on cherchera surtout à établir les notions sur lesquelles s'appuient les règles de l'hygiène et l'alimentation du bétail.

L'étude des principaux organes pourra être facilitée par l'observation directe d'un animal abattu ; quelques instituteurs savent préparer l'appareil digestif d'un animal de petite taille, un squelette même, et en enrichir le musée scolaire ; leur exemple mérite d'être signalé.

II. L'homme. — Les notions d'anatomie données aux enfants doivent avoir surtout pour effet de les convaincre de la nécessité des règles de l'hygiène ; elles porteront essentiellement sur la digestion, la circulation, la respiration et les relations des sens avec le système nerveux. On évitera l'exagération et l'on se gardera des recettes plus ou moins empiriques qu'il ne faut pas confondre avec l'hygiène, encore moins avec la médecine.

III. Notions de physique. — C'est par des expériences simples et peu coûteuses qu'on les établira. Cette partie du programme sera surtout développée à la ville et dans les centres industriels.

A la campagne, on pourra se borner aux démonstrations qui mettront en évidence les principaux effets de la chaleur, de la lumière, de l'électricité et de la pesanteur. Ce qui importe surtout ici, c'est d'exciter la curiosité des enfants et de choisir les exemples parmi les phénomènes faciles à reproduire ou à observer, on ne parlera des autres que si l'on peut épuiser la série des premiers.

Quelques notions relatives à la météorologie sont nécessaires ; l'enfant sera familiarisé, non à la construction du baromètre et du thermomètre, mais avec les indications fournies par ces instruments et la manière de recueillir ces indications ; on le mettra à même de lire un bulletin météorologique.

IV. Notions de chimie. — Les expériences faciles à réaliser avec un matériel fort réduit sont très nombreuses.

. . . .

On choisira, parmi les expériences possibles, celles qui ont un rapport immédiat avec l'agriculture ; les substances qui servent de nourriture aux plantes seront considérées comme les plus importantes. Des cendres de bois, on extraira de la potasse ; un os calciné sera transformé en phosphate soluble, en l'attaquant par de l'acide chlorhydrique étendu ; on reformera ensuite le phosphate insoluble en neutralisant l'acide employé par une base ou simplement par du carbonate de soude. L'ammoniaque sera décelée, par la chaux, dans les sels qui en sont formés et qu'on emploie comme engrais. On apprendra à distinguer les uns des autres les principaux engrais commerciaux : les nitrates des sels ammoniacaux et potassiques, les superphosphates des scories, etc. L'important est que chacun des termes scientifiques entrés aujourd'hui dans le langage courant de l'agriculture ait une signification précise pour les élèves qui vont quitter l'école rurale.

La connaissance des principaux engrais sera considérablement facilitée par l'usage qu'on en fera au semestre d'été pour les expériences de cultures démonstratives.

V. Les minéraux. — Les notions relatives au sol, aux roches et aux terrains seront données, d'une part, dans les leçons de choses

avec les objets du musée scolaire et à propos de quelques expériences de chimie, d'autre part et surtout, dans les promenades agricoles.

VI. Agriculture et horticulture. — Les leçons proprement dites commenceront avant le printemps ; elles porteront sur les sujets intéressant essentiellement les cultures locales. La leçon doit, autant que possible, se rapporter à des choses vues, à des objets examinés déjà par les enfants ; le maître commencera donc par les sujets qui ont été abordés au cours moyen et qui ont fait l'objet d'explications à propos de lectures, de promenades,.etc.

Il continuera ensuite pendant toute la belle saison, en faisant concorder les leçons avec les exercices pratiques, les excursions, etc. ; l'objet de la leçon proprement dite d'agriculture ou d'horticulture doit être celui de la promenade récente, ou prochaine, celui de l'exercice pratique réalisé ou à réaliser à la même époque.

Deuxième semestre.

Cultures démonstratives. — Elles doivent être préparées et conduites de manière à bien mettre en évidence les vérités fondamentales suivantes :

1° L'air doit pénétrer facilement dans le sol, car les racines ne peuvent se passer d'oxygène ; elles respirent comme les feuilles ; elles doivent trouver partout une nourriture convenable, c'est-à-dire que l'engrais doit être intimement mélangé à la terre dans toutes les parties du sol où elles se développent.

2° Dans toute terre arable, quatre substances, **l'azote, l'acide phosphorique,** la **potasse** et la **chaux** suffisent pour assurer l'alimentation complète et le parfait développement des végétaux cultivés.

3° Le cultivateur n'a pas à se préoccuper de fournir au sol d'autres éléments que ceux indiqués, lesquels n'épuisent par la terre arable, même s'ils sont apportés sous forme minérale ; toutefois, dans ce dernier cas, les propriétés physiques du sol peuvent être modifiées d'une façon désavantageuse. Les matières organiques, loin d'être inutiles, maintiennent la terre dans un état favorable à l'aération et au développement des racines ; en outre, elles agissent efficacement sur les substances nutritives contenues dans le sol. De sorte que pour fournir à une terre, dans les meilleures conditions, les quatre éléments en proportion convenable, le fumier est le premier engrais indiqué ; on le complète par des engrais chimiques appropriés.

4° Un engrais convient bien à un sol s'il lui apporte **ce qui lui manque** pour nourrir les végétaux à cultiver. La composition d'un

MAI. — *Calcul mental.* — Petits exercices et problèmes sur les quatre opérations.

Calcul écrit. — Division des nombres entiers quelconques. — Exercices et problèmes sur la division et sur les trois premières opérations combinées.

Système métrique. — Mesures de volume. — Idée générale du mètre cube, du décimètre cube, du centimètre cube.

JUIN. — *Calcul mental.* — Mêmes exercices que le mois précédent.

Calcul écrit. — Division des nombres décimaux. — Preuve de la division. — Exercices et problèmes sur les quatre opérations combinées.

Système métrique. — Les mesures de volume (suite). — Le stère.

JUILLET-AOUT. — Révision générale.

Cours moyen.

OCTOBRE. — *Arithmétique.*— Différentes sortes de nombres. — Numération des nombres entiers et décimaux. — Rendre un nombre entier ou un nombre décimal 10, 100, 1000 fois plus grand ou plus petit. — Addition et soustraction des nombres entiers et décimaux.

Système métrique. — Diverses espèces de mesures. — Leur emploi. — Multiples et sous-multiples décimaux des unités métriques. — Mesures effectives. — Doubles et moitiés.

Calcul mental. — Les élèves seront exercés pendant toute l'année à résoudre, d'abord oralement, tous les genres de questions ou problèmes sur des nombres convenablement choisis.

NOVEMBRE. — *Arithmétique.* — Multiplication des nombres entiers et décimaux. — Règles pratiques. — Preuve de la multiplication.

Système métrique. — Mesures de longueur. — Le mètre, ses multiples et ses sous-multiples. — Mesures réelles. — Forme et usages. — Valeur en mètres d'un degré du méridien, de la lieue de poste, de la lieue commune, de la lieue marine.

DÉCEMBRE. — *Arithmétique.* — Division des nombres entiers et des nombres décimaux. — Trouver le quotient de deux nombres entiers ou décimaux à moins de 0,1, à moins de 0,01 près, etc.

Système métrique. — De la surface en général. — Mesures de surface. — Définition du carré. — Mètre carré. — Multiples et sous-multiples. — Are. — Son multiple et son sous-multiple. — Rapport entre les mesures de superficie proprement dites et les mesures agraires.

JANVIER. — *Arithmétique.* — Révision des principes relatifs à la numération et aux quatre opérations fondamentales. — Divisibilité des nombres par 2, par 5, par 4, et par 25.

Système métrique. — Mesures de surface (suite). — Évaluation de la surface des figures géométriques simples : carré, rectangle, triangle, parallélogramme, trapèze, etc.

FÉVRIER. — *Arithmétique.*— Divisibilité des nombres par 3, 9, 6, etc.— Fractions ordinaires. — Rendre une fraction un certain nombre de fois plus grande

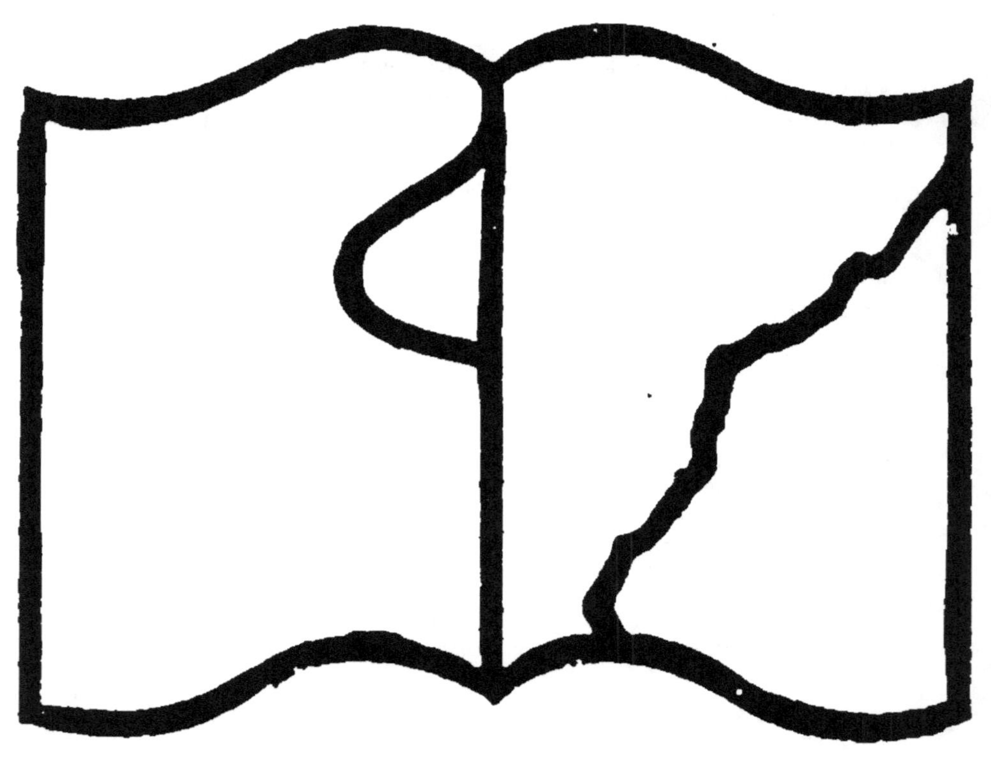

Texte détérioré — reliure défectueuse
NF Z 43-120-11

avec les objets du musée scolaire et à propos de quelques expériences de chimie, d'autre part et surtout, dans les promenades agricoles.

VI. Agriculture et horticulture. — Les leçons proprement dites commenceront avant le printemps ; elles porteront sur les sujets intéressant essentiellement les cultures locales. La leçon doit, autant que possible, se rapporter à des choses vues, à des objets examinés déjà par les enfants ; le maître commencera donc par les sujets qui ont été abordés au cours moyen et qui ont fait l'objet d'explications à propos de lectures, de promenades, etc.

Il continuera ensuite pendant toute la belle saison, en faisant concorder les leçons avec les exercices pratiques, les excursions, etc. ; l'objet de la leçon proprement dite d'agriculture ou d'horticulture doit être celui de la promenade récente, ou prochaine, celui de l'exercice pratique réalisé ou à réaliser à la même époque.

Deuxième semestre.

Cultures démonstratives. — Elles doivent être préparées et conduites de manière à bien mettre en évidence les vérités fondamentales suivantes :

1° L'air doit pénétrer facilement dans le sol, car les racines ne peuvent se passer d'oxygène ; elles respirent comme les feuilles ; elles doivent trouver partout une nourriture convenable, c'est-à-dire que l'engrais doit être intimement mélangé à la terre dans toutes les parties du sol où elles se développent.

2° Dans toute terre arable, quatre substances, **l'azote, l'acide phosphorique**, la **potasse** et la **chaux** suffisent pour assurer l'alimentation complète et le parfait développement des végétaux cultivés.

3° Le cultivateur n'a pas à se préoccuper de fournir au sol d'autres éléments que ceux indiqués, lesquels n'épuisent pas la terre arable, même s'ils sont apportés sous forme minérale ; toutefois, dans ce dernier cas, les propriétés physiques du sol peuvent être modifiées d'une façon désavantageuse. Les matières organiques, loin d'être inutiles, maintiennent la terre dans un état favorable à l'aération et au développement des racines ; en outre, elles agissent efficacement sur les substances nutritives contenues dans le sol. De sorte que pour fournir à une terre, dans les meilleures conditions, les quatre éléments en proportion convenable, le fumier est le premier engrais indiqué ; on le complète par des engrais chimiques appropriés.

4° Un engrais convient bien à un sol s'il lui apporte **ce qui lui manque** pour nourrir les végétaux à cultiver. La composition d'un

MAI. — *Calcul mental.* — Petits exercices et problèmes sur les quatre opérations.

Calcul écrit. — Division des nombres entiers quelconques. — Exercices et problèmes sur la division et sur les trois premières opérations combinées.

Système métrique. — Mesures de volume. — Idée générale du mètre cube, du décimètre cube, du centimètre cube.

JUIN. — *Calcul mental.* — Mêmes exercices que le mois précédent.

Calcul écrit. — Division des nombres décimaux. — Preuve de la division. — Exercices et problèmes sur les quatre opérations combinées.

Système métrique. — Les mesures de volume (suite). — Le stère.

JUILLET-AOUT. — Révision générale.

Cours moyen.

OCTOBRE. — *Arithmétique.* — Différentes sortes de nombres. — Numération des nombres entiers et décimaux. — Rendre un nombre entier ou un nombre décimal 10, 100, 1000 fois plus grand ou plus petit. — Addition et soustraction des nombres entiers et décimaux.

Système métrique. — Diverses espèces de mesures. — Leur emploi. — Multiples et sous-multiples décimaux des unités métriques. — Mesures effectives. — Doubles et moitiés.

Calcul mental. — Les élèves seront exercés pendant toute l'année à résoudre, d'abord oralement, tous les genres de questions ou problèmes sur des nombres convenablement choisis.

NOVEMBRE. — *Arithmétique.* — Multiplication des nombres entiers et décimaux. — Règles pratiques. — Preuve de la multiplication.

Système métrique. — Mesures de longueur. — Le mètre, ses multiples et ses sous-multiples. — Mesures réelles. — Forme et usages. — Valeur en mètres d'un degré du méridien, de la lieue de poste, de la lieue commune, de la lieue marine.

DÉCEMBRE. — *Arithmétique.* — Division des nombres entiers et des nombres décimaux. — Trouver le quotient de deux nombres entiers ou décimaux à moins de 0,1, à moins de 0,01 près, etc.

Système métrique. — De la surface en général. — Mesures de surface. — Définition du carré. — Mètre carré. — Multiples et sous-multiples. — Are. — Son multiple et son sous-multiple. — Rapport entre les mesures de superficie proprement dites et les mesures agraires.

JANVIER. — *Arithmétique.* — Révision des principes relatifs à la numération et aux quatre opérations fondamentales. — Divisibilité des nombres par 2, par 5, par 4, et par 25.

Système métrique. — Mesures de surface (suite). — Évaluation de la surface des figures géométriques simples : carré, rectangle, triangle, parallélogramme, trapèze, etc.

FÉVRIER. — *Arithmétique.* — Divisibilité des nombres par 3, 9, 6, etc. — Fractions ordinaires. — Rendre une fraction un certain nombre de fois plus grande ou plus petite. — Simplification des fractions. — Réduction au même dénominateur.

Système métrique. — Mesures de volume. — Mètre cube. — Ses sous-multiples. — Stère. — Rapport entre les mesures de volume proprement dites et les mesures pour les bois de chauffage.

MARS. — *Arithmétique.* — Addition. — Soustraction et multiplication des fractions ordinaires.

Système métrique. — Mesures de capacité. — Le litre, ses multiples et ses sous-multiples. — Mesures effectives. — Rapport entre les mesures de capacité et les mesures de volume.

AVRIL. — *Arithmétique.* — Division des fractions. — Conversion des fractions ordinaires en fractions décimales. — Révision des fractions.

Système métrique. — Mesures de poids. — Le gramme, ses multiples et ses sous-multiples. — Mesures effectives et mesures fictives. — Quintal et tonne. — Correspondance entre les mesures de poids et les mesures de volume et de capacité.

MAI. — *Arithmétique.* — Règles de trois et d'intérêt simple. — Résolution des problèmes par la méthode de réduction à l'unité.

Système métrique. — Les monnaies. — Titres des pièces de monnaie.

JUIN. — *Arithmétique.* — Règles d'escompte, de société, de partage proportionnel. — Nombres complexes.

JUILLET-AOUT. — Révision générale.

Cours supérieur.

OCTOBRE. — *Arithmétique.* — Révision du cours moyen. — Théorie très élémentaire de la numération. — Nombres entiers. — Explication raisonnée des deux premières opérations fondamentales sur les nombres entiers.

Système métrique. — Révision du cours moyen. — Longueurs et surfaces. — Anciennes mesures.

NOVEMBRE. — *Arithmétique.* — Nombres entiers. — Explication de la *multiplication* et de la *division* des nombres entiers.

Système métrique. — Révision du cours moyen. — Volumes et capacité.

DÉCEMBRE. — *Arithmétique.* — Divisibilité des nombres. — Caractère de divisibilité par 2, 3, 5, 9. — Preuve par 9 de la multiplication et de la division.

Système métrique. — Révision du cours moyen. — Les poids et les monnaies.

JANVIER. — *Arithmétique.* — Nombres premiers. — Recherche du p. g. c. d. de deux nombres. — Décomposition d'un nombre en ses facteurs premiers. — Recherche du p. p. c. m. et du p. g. c. d. de plusieurs nombres.

FÉVRIER. — *Arithmétique.* — Fractions ordinaires. — Fractions proprement dites ; expressions fractionnaires ; principes sur les fractions ; simplification des fractions ; réduction au même dénominateur.

Géométrie. — Évaluation des différentes surfaces : carré, rectangle, trapèze, losange, triangle, polygone quelconque, cercle.

MARS. — *Arithmétique.* — Opérations sur les fractions ordinaires. — Addition, soustraction, multiplication, division.

Géométrie. — Volume d'un cube, d'un parallélipipède, d'un prisme et d'un cylindre. — Problèmes d'application.

AVRIL. — *Arithmétique.* — Nombres décimaux. — Explication raisonnée des règles du calcul des nombres décimaux. — Analogie des nombres décimaux avec les fractions ordinaires et avec les nombres entiers. — Conversion des fractions ordinaires en fractions décimales et réciproquement.

Géométrie. — Volume du cône et de la pyramide, du tronc de cône et du tronc de pyramide. — Problèmes d'application.

MAI. — *Arithmétique.* — Méthode de réduction à l'unité appliquée à la résolution des problèmes d'intérêt, d'escompte, de partage, de moyenne. — Intérêt simple et intérêt composé. — Escompte en dehors et escompte en dedans. — Problèmes d'application.

Géométrie. — Cubage d'un massif de maçonnerie, d'un tas de sable ou de gravier, d'un fossé.

JUIN. — *Arithmétique.* — Rentes sur l'État. — Actions et obligations. — Problèmes d'application. — Partages proportionnels et moyennes. — Problèmes d'application.

Géométrie. — Surface et volume de la sphère. — Jaugeage d'un vase cylindrique, d'un seau, d'un tonneau. — Cubage d'un tronc d'arbre.

JUILLET-AOUT. — Révision générale.

GÉOMÉTRIE ET DESSIN

« L'enseignement proprement dit de la géométrie ne peut être donné dans les écoles à un seul maître.

« Dans le cours élémentaire, il sera fusionné avec celui du dessin, et dans le cours moyen avec celui du système métrique. L'instituteur se bornera à l'enseignement de notions théoriques suffisantes pour conduire rapidement les élèves à des applications pratiques.

La tachymétrie peut lui rendre dans ce cas de bons services ; à défaut du matériel Lagout, il aura recours à des plaquettes et à des solides décomposables, en bois, en carton, ou simplement fabriqués, séance tenante, par le collage de feuillets convenablement découpés. Il ne perdra pas son temps à démontrer que deux angles droits sont égaux, qu'en un point il n'existe qu'une perpendiculaire à une ligne droite, que le diamètre coupe le cercle en deux parties égales, car qui en doute ? Qu'il le montre sans le démontrer.

« Un cahier spécial pour le dessin, quadrillé au centimètre ou au demi-centimètre, est toléré pour les élèves du cours préparatoire ; ceux des autres cours feront leurs dessins sur le cahier journal ou sur un cahier spécial de papier blanc ou bulle.

« L'usage des cahiers avec modèles préparés, ne permettant pas de faire des leçons collectives profitables, doit être abandonné ou employé seulement comme procédé auxiliaire pour devoirs à domicile ou pendant les études.

. . . .

«Dans le cours préparatoire et dans le cours élémentaire, l'enseignement du dessin a pour objet d'exercer l'œil et la main de l'enfant, en lui apprenant à distinguer et à tracer les figures géométriques les plus élémentaires. Les élèves exécuteront à vue une série d'objets de plus en plus compliqués de forme, dans lesquels le maître fera reconnaître le caractère des lignes qui les composent : droites, verticales, horizontales, perpendiculaires, obliques parallèles, angles, circonférence, etc., de manière à remplir le programme ministériel. Le maître trace d'abord lui même la figure au tableau noir, il la nomme, en explique les caractères, et la fait reproduire par les élèves sur l'ardoise, puis sur le cahier. »

(Org. péd. des écoles du Département).

Cours préparatoire (1).

OCTOBRE. — Lignes horizontales et verticales ; en montrer dans l'école ; comparer la longueur de ces lignes. Exercices nombreux se bornant à la combinaison d'horizontales et de verticales à traits simples.

NOVEMBRE. — Comme le mois précédent. Exercices à traits doubles.

DÉCEMBRE. — Division des horizontales et des verticales en parties égales. Nombreux exercices avec traits simples.
Drapeau, Denticules, Banc de pierre, Perchoir, Grille, Ouverture de fenêtre.

JANVIER. — Comme le mois précédent. Exercices avec traits doubles.

FÉVRIER. — Lignes obliques. Combinaisons avec les horizontales et les verticales.

MARS. — Mêmes exercices qu'en février (à traits doubles).

AVRIL. — Programme des mois d'octobre et de novembre.

MAI. — Programme des mois de décembre et de janvier.
Volet, Caisse à fleurs, Fenêtre, Encrier, Grille, Parquet.

JUIN. — Programme des mois de février et mars.
Tasse et soucoupe, Poêlon, Croix, Marteau, Flèche.

---

(1) MM. les Instituteurs trouveront un excellent choix de modèles dans les cahiers enfantins, les Carnets de devoirs de MM. Carton et Legrand et les cahiers de Dessin, méthode Mathon. On trouvera également à la Librairie Poiré-Choquet des cahiers quadrillés spéciaux pour le Dessin, le cent 3 fr. 50.

JUILLET-AOUT. — Révision de tous les exercices de l'année.

Entonnoir, Tour, Niche, Tente, Bouteille, Maisonnette.

Cours élémentaire (1).

OCTOBRE. — Combinaisons d'horizontales et de verticales. — Division de lignes. — Exercices nombreux à traits simples ou doubles. — Exemples : Echelle, Palissade, Clôture, Niche, Commode.

NOVEMBRE. — Combinaisons d'obliques avec les horizontales et les verticales. — Exemples : Stère, Palissade, Guérite, Encrier, Chevalet.

DÉCEMBRE. — Mêmes exercices que dans les deux mois précédents avec des hâchures.

JANVIER. — Tracé des angles. — En montrer. — Importance de l'angle droit. — Figures géométriques : Carré, parallélogramme.

FÉVRIER. — Carrelage.

MARS. — Exercices sur la circonférence circonscrite à un carré ; division de la circonférence ; polygones réguliers ; étoiles. — (A main levée).

AVRIL. — Tracé des courbes, leurs divisions, leurs combinaisons avec les lignes précédemment étudiées.

MAI. — Mêmes exercices que le mois précédent, en s'attachant spécialement aux courbes empruntées au règne végétal.

JUIN. — Dessiner à vue des objets très simples et des solides géométriques (banc, cube, pyramide).

JUILLET-AOUT. — Dessiner à vue des objets très simples et des solides géométriques. (Mêmes exercices qu'en juin).

Cours moyen (2).

OCTOBRE. — Révision du cours élémentaire par les exercices suivants : Lignes droites, horizontales, verticales, obliques, et leur division en parties égales ; parallèles, perpendiculaires, différentes sortes d'angles et leur division en parties égales.

NOVEMBRE. — Différentes sortes de triangles, carré, rectangle, parallélogramme, losange, trapèze.

DÉCEMBRE. — Ornements simples formés de lignes droites et combinés avec les polygones précédents, carrelages divers, parquets.

(1) Cahiers de Dessin, Méthode Mathon. — Cours préparatoire et cours élémentaire (Editeur Poiré-Choquet).

(2) Cahiers de Dessin, Méthode Mathon — Cours moyen et Cours de Dessin Gémonet. Livre du maître et modèles muraux. — Même Librairie.

JANVIER. — La circonférence et sa division en parties égales, polygones réguliers. Exercices d'application.

FÉVRIER. — Courbes usuelles : ellipses, ovales, oves, spirales. — Courbes empruntées au règne végétal, tiges et feuilles.

MARS. — Rosaces, fleurons, fleurs et fruits.

AVRIL. — Notions de perspective cavalière, ou dessin à vue d'objets très simples, tels que cubes, parallélipèdes, représentation d'objets combinés avec le cube et le parallélipède ; tels que tables, bancs, tabourets, palissades, établi de menuisier, etc.

MAI. — Suite des exercices précédents : prisme, cylindre, cône et sphère. Exercices d'application à des objets très simples.

JUIN. — Croquis cotés très simples, exécutés sur des objets usuels, tels que tables, bancs, tabourets.

JUILLET-AOUT. — Continuation des exercices précédents appliqués à des objets.

Cours supérieur (1).

OCTOBRE. — Tracé géométrique des perpendiculaires et des parallèles. Exercices d'application à des croquis cotés, tels que : tables, bancs, pupitres.
Feuilles, fleurs, fruits, feuille d'acanthe. (D'après l'estampe).

NOVEMBRE. — Division des droites en 2, 4, 8 parties égales et en un nombre quelconque de parties égales. — Division des angles. — Echelles de réduction.
Palmettes, culots, rinceaux.

DÉCEMBRE. — Construction des triangles : Différents cas. — Insister sur le triangle rectangle. — Exercices d'application d'après des croquis cotés.
Oves, rais de cœur, perles, denticules.

JANVIER. — Division de la circonférence. — Polygones réguliers : hexagone, triangle équilatéral, dodécagone, carré, octogone.— Applications à des carrelages. — Fragments d'architecture d'après l'estampe.

FÉVRIER. — Pentagone et décagone réguliers. — Polygones étoilés. - Applications à des sujets de décoration, chapiteaux divers.

MARS. — Circonférence et tangentes.—Application à des organes de machines.
Etude spéciale des ombres propres et notions pratiques très élémentaires des ombres portées. — Application aux sujets suivants : Cube, parallélipède, prisme régulier hexagonal, pyramide régulière quadrangulaire.

AVRIL. — Raccordements les plus simples des lignes et des arcs entre eux.—Application à des organes de machines. — Continuation de l'étude des ombres: Cylindre, cône, sphère, etc.

(1) C. Gémonet. Le Dessin d'Ornement à l'Ecole primaire. Livre du maître et modèles muraux. (Editeur Poiré-Choquet).

MAI. — Moulures, filet, baguette, gorge, quart de rond, talon et doucine. — Rosaces. — Trophées divers.

JUIN. — Anse de panier. — Ove, ovale. — Ellipse. — Applications à des voûtes et à des sujets de décorations.— Dessins de quelques reliefs, tels que : palmettes, oves, rais de cœur, etc. — (Si l'école ne possède pas de modèles en relief, on continuera les exercices précédents en les variant (1).

JUILLET-AOUT. — Levé des plans très simples au mètre. — Cour de l'école, jardin, plan par terre de la maison d'école. — Coupe et élévation. — Continuation de l'étude des modèles en relief, ou à défaut, d'autres exercices variés, analogues à ceux du mois précédent.

Observations.

Dessin géométrique. — Exiger dès le début une grande propreté et veiller avec soin à l'entretien des compas et des tire lignes. Il est préférable de faire chaque dessin sur une feuille spéciale (2) avec la planchette et le té. Les traits au crayon doivent être à peine perceptibles afin de se servir de la gomme aussi peu que possible. Insister spécialement sur la bonne exécution, et à l'échelle adoptée, des croquis cotés ; c'est le meilleur exercice de dessin que nos élèves puissent faire.

Dessin à main levée. — Les exercices que comporte ce genre de dessin doivent être esquissés au fusain, puis exécutés au crayon Conté ; il est bon néanmoins d'en faire quelques uns à la plume. Il faut habituer les élèves dès les premiers jours à amplifier et à réduire les proportions des modèles. Exiger aussi qu'ils fassent vite.

SCIENCES PHYSIQUES ET NATURELLES
AGRICULTURE.

L'enseignement scientifique a surtout pour but de faire naître chez les enfants *l'esprit d'observation.* Il faut donc se garder d'observer pour eux, de leur présenter, avec l'objet, les remarques que l'on a faites soi-même, mais les habituer à s'exercer sur les choses qui les entourent. Cet enseignement a en outre un caractère *pratique* et *utilitaire.* Il fait une part restreinte aux

(1) Collection de Plâtres scolaires Bouffandeau et Gémonet (Même Librairie).
Cette collection est concédée gratuitement aux Écoles par la Préfecture de la Somme.

(2) On trouvera à la Librairie Poiré-Choquet de grands cahiers spéciaux et des blocs de feuilles à dessin pour le dessin géométrique.

NOTA : Avec les blocs on peut se passer de la planche à dessin.

notions théoriques et s'attache particulièrement aux applications;
il vise non à munir les élèves de connaissances étendues en
physique, en chimie, en histoire naturelle, mais à leur donner,
sous forme de leçons de choses, des notions générales exactes sur
les objets de la nature, et spécialement sur ceux qui les environnent, qu'ils ont sous les yeux, à l'école, chez leurs parents, à la
campagne, etc.

Cet enseignement n'est profitable qu'à la condition d'être réellement intuitif : d'où la nécessité de se procurer un petit matériel, d'avoir recours aux expériences.

DIRECTIONS PÉDAGOGIQUES.

« L'enseignement des *notions* d'agriculture que peut comporter le programme de l'école élémentaire doit s'adresser beaucoup moins à la
mémoire des enfants qu'à leur intelligence ; il doit s'appuyer sur
l'observation des faits journaliers de la vie agricole et sur une expérimentation simple, appropriée aux ressources matérielles dont dispose l'école, et destinée à mettre en évidence les notions scientifiques
fondamentales des opérations culturales les plus importantes. Ce qu'il
faut surtout apprendre aux enfants, à l'école rurale, c'est le pourquoi
de ces opérations avec l'explication des phénomènes qui les accompagnent, et non le détail des procédés d'exécution, encore moins un
résumé de préceptes, de définitions ou de recettes agricoles. Connaître les conditions essentielles du développement des végétaux cultivés, comprendre la raison d'être des travaux habituels de la culture
ordinaire et celle des règles d'hygiène de l'homme et des animaux
domestiques, voilà ce qu'il faudrait apprendre d'abord à tout agriculteur et l'on n'y peut parvenir que par la méthode expérimentale.

C'est dire qu'un maître fera fausse route, dont l'enseignement agricole consisterait uniquement dans l'étude et la récitation, par l'élève,
d'un manuel d'agriculture, si bien conçu que fût ce manuel ; il faut
nécessairement recourir à des expériences très simples et surtout à
l'observation.

En effet, c'est seulement en mettant le phénomène sous les yeux
des enfants qu'on pourra leur apprendre à observer, qu'on pourra
établir dans leur esprit les idées fondamentales sur lesquelles repose
la science agricole moderne, idées que l'écolier campagnard ne peut
acquérir qu'à l'école où il ne sera jamais nécessaire de lui enseigner

ce que son père sait mieux que l'instituteur et qu'il apprendra sûrement par sa propre expérience pratique.

L'école doit se borner à préparer l'enfant à l'apprentissage intelligent du métier qui le fera vivre et à lui donner le goût de sa future profession ; à cet égard, le maître ne devra jamais oublier que le meilleur moyen de faire aimer à un ouvrier son ouvrage, c'est de le lui faire comprendre.

Le but à atteindre pour l'enseignement agricole primaire, c'est, en résumé, d'initier le plus grand nombre des enfants de nos campagnes aux connaissances élémentaires indispensables pour lire avec fruit un livre d'agriculture moderne, pour suivre avec profit une conférence agricole ; c'est de leur inspirer l'amour de la vie des champs et le désir de ne point la changer pour celle de la ville ou de l'usine ; c'est de les pénétrer de cette vérité que le métier d'agriculteur, le plus indépendant de tous, est plus rémunérateur que beaucoup d'autres pour tout praticien laborieux, intelligent et instruit.

Emploi du temps.

Le but qui vient d'être indiqué serait difficilement atteint si l'on ne consacrait à l'agriculture que le temps réservé spécialement pour cet objet par le règlement ; si, en d'autres termes, l'enseignement des autres matières du programme restait trop étranger à la préparation de l'enfant à la vie qui l'attend à sa sortie de l'école. A la campagne surtout, le maître devra orienter son enseignement général dans le sens des besoins journaliers de la population qui l'entoure en donnant souvent à ses lectures, à ses exercices de langue française, de calcul, etc., une couleur agricole ; des poésies champêtres, des faits de la vie rustique, des problèmes présentés sous forme d'une comptabilité simplifiée et relatifs aux prix des denrées achetées ou vendues dans la région, aux mélanges composant les rations alimentaires du bétail, etc., apporteront fréquemment une aide précieuse à l'enseignement agricole proprement dit. . . . .

Commentaire du programme officiel.

. . . . L'enseignement primaire élémentaire ne peut comporter, ou ne saurait trop le redire, un enseignement professionnel proprement dit. Tout ce que l'on demande à l'instituteur rural, c'est de donner à ses élèves, dans la mesure que comporte leur âge, le goût et l'intelligence des choses agricoles ; et il y parviendra sans surcharge pour le programme général, en donnant de l'unité à son enseignement scientifique et agricole qui doit former un tout bien coordonné où les notions de sciences physiques et naturelles, celles d'agriculture, d'hygiène, et s'il s'agit des filles, celles d'économie domestique, se pénètreront intimement et se compléteront mutuellement.

Voici, à cet égard, et pour chacun des trois cours, l'indication de la nature des leçons que l'application du programme officiel peut comporter à l'école rurale pour chaque semestre.

L'ensemble forme un cadre marquant les limites à atteindre par la bonne moyenne des élèves dont la scolarité sera complète.

Cours élémentaire.

(7 à 9 ans).

Les leçons de choses dans ce cours sont la continuation de celles qui ont été détaillées pour la classe enfantine et l'école maternelle ; au point de vue agricole, on demande simplement que les choses du jardin soient mises à contribution comme celles de la classe.

Cours moyen.

(9 à 11 ans).

La durée du cours moyen pour un même élève est au moins de deux ans ; en première année, c'est-à-dire à neuf ans, l'enfant ne peut acquérir que des notions scientifiques très rudimentaires et entrevoir leur application aux choses de l'agriculture ; c'est seulement après une première initiation, c'est-à-dire dans une seconde année, et avec des enfants d'au moins dix ans, qu'on peut aborder les premières notions d'agriculture proprement dite ; encore, devra-t-on, conformément aux prescriptions réglementaires, donner ces *notions à propos des lectures, des leçons de choses et des promenades.*

L'établissement de cette répartition en deux années ne présentera pas de difficulté dans les écoles à plusieurs classes ; à la campagne où les écoles sont pour la plupart à un seul maître, les leçons de sciences et d'agriculture seront généralement communes à toute la classe : elles comprendront nécessairement les connaissances appropriées à chaque groupe d'élèves et formeront une sorte d'enseignement concentrique dont chacun prendra une part proportionnelle à la portée et au développement de son intelligence.

Le maître aura bien rempli sa tâche, s'il obtient que ses élèves possèdent, selon la division à laquelle ils appartiennent, les connaissances indiquées ci-après pour chaque cours.

Première année du cours moyen.

Premier semestre

Il serait difficile « de donner une idée des principales fonctions de la vie », de parler avec fruit, par exemple, de la respiration, à des enfants ne sachant rien des propriétés de l'air, ne se doutant même pas qu'un gaz est une chose matérielle ; on devra donc examiner préalablement « les trois états des corps ».

Les notions de sciences naturelles et celles de sciences physiques pourront faire l'objet de leçons parallèles qui se complèteront mutuellement.

En histoire naturelle, on parlera des animaux d'abord ; l'homme viendra ensuite, quand les notions relatives à l'air, aux combustions auront été établies expérimentalement.

I. Les trois états des corps.— Quelques démonstrations simples sont indispensables pour faire observer et comparer ces trois états ; plonger dans l'eau un verre, un entonnoir l'ouverture en bas, faire échapper l'air : on le voit ou on le sent ; recueillir sous l'eau l'air sorti d'un soufflet, celui des poumons, le transvaser et le mesurer approximativement ; voilà des expériences nécessaires et réalisables partout sans dépense. Il en est de même des suivantes : produire de la vapeur d'eau, la condenser, en d'autres termes distiller de l'eau et observer les changements d'état ; préparer un peu d'oxygène, produire des combustions, les activer par un courant d'air, en reconnaître les produits ; mettre en évidence la pression atmosphérique, la force élastique de l'air ; le reste se fera plus tard.

Voici quelques indications destinées à montrer la forme des expériences simples à réaliser.

(Les maîtres et les maîtresses sont priés de se reporter, pour ces indications, à la brochure qui leur a été adressée avec le n° 2 du Bulletin départemental de 1897.)

II. Les animaux. — Sous forme de causerie, d'entretien familier, le maître excitera la curiosité des enfants en leur parlant des animaux qu'ils voient chaque jour ; il choisira les faits les plus saillants de l'histoire de chacun d'eux ; le chien et le cheval fourniront la matière de plusieurs lectures, expliquées, commentées, de quelques petites leçons faites en s'aidant au besoin d'images ; on comparera entre elles les principales espèces de chien, le cheval à l'âne, le chat au tigre, au lion. Les habitudes des oiseaux de la basse-cour, l'histoire des voyages périodiques des hirondelles et d'autres oiseaux migrateurs, les métamorphoses de la grenouille, celles des hannetons et leurs ravages, celle du ver à soie, des abeilles et leurs produits, etc., fourniront le sujet de lectures et de conversations pleines d'intérêt.

III. L'homme. — La description sommaire du corps humain fera suite aux leçons sur les animaux ; elle pourra être abordée avant la fin des leçons expérimentales qui viennent d'être indiquées ; mais c'est après seulement qu'on parlera des fonctions de nutrition et de respiration auxquelles on se bornera, sauf à y ajouter quelques conseils relatifs à l'hygiène.

Deuxième semestre

La saison permettra de réunir les objets nécessaires aux démonstrations ; tantôt les enfants ou le maître les apporteront en classe, tantôt ils se transporteront près des objets mêmes ; on ne saurait admettre, à la campagne, une leçon de *choses* relatives aux plantes, à la botanique notammen. dans laquelle les *choses* ne seraient pas mises sous les yeux des élèves.

I. Les végétaux. — Il sera naturel de fixer d'abord l'attention des enfants sur un phénomène actif, la germination, facile à reproduire et à suivre dans ses diverses phases, surtout au printemps : un haricot ou une céréale, un gland ou un marron d'Inde, placés dans de la mousse ou du sable humide conviendront pour la démonstration. En disposant l'expérience sous la forme ordinairement adoptée pour les cultures dans l'eau, la graine étant supportée par un liège flottant sur l'eau, on verra parfaitement le développement des radicelles et de leurs organes essentiels, la coiffe et les poils absorbants.

C'est sur nature également qu'on étudiera la tige, la feuille et surtout la fleur. S'agit-il de cette dernière par exemple, on mettra un spécimen du sujet choisi entre les mains des enfants ; puis sous la direction commune du maître, chacun fera au moyen d'un canif, ou simplement d'une épingle, la séparation des pièces des verticilles floraux, calice, corolle, étamines et pistil. Quelques exemples bien choisis suffiront pour donner une idée des caractères de quelques familles botaniques, plus particulièrement intéressantes par leurs qualités ou leurs défauts (plantes utiles, plantes nuisibles).

II. Premières notions agricoles.— Pour des enfants qui n'ont pas encore dix ans, ces notions seront profitables à la condition d'être restreintes ; elles seront une amorce et une initiation destinées à préparer l'enfant à l'observation et à le familiariser avec la terminologie qu'on emploiera dans les « leçons plus méthodiques » des années suivantes.

Deuxième année du cours moyen.

Le plan à suivre reste le même qu'en première année ; le programme se complète de la manière suivante :

I. Notions scientifiques.— L'étude des combustions sera étendue à celle du gaz carbonique dont on montrera la présence dans les pierres calcaires. De la craie et quelques gouttes d'un acide minéral suffiront pour faire les expériences ou les constatations suivantes : transformer la craie en chaux vive (le poêle de la classe fournira une chaleur suffisante), constater la perte de poids par comparaison à un autre morceau de craie pareil au premier : action de l'eau sur la chaux vive : propriétés de la chaux éteinte, du lait de chaux, de l'eau de chaux : production d'acide carbonique, reconstitution de la craie.

Séparation mécanique, dans la terre végétale, de l'argile, d'une part, de la silice et du calcaire, d'autre part. Au moyen d'un peu d'acide chlorhydrique qui dissoudra le calcaire, on isolera ensuite la silice et enfin, par une dissolution de carbonate de soude, on pourra régénérer le calcaire ; cette expérience facile à expliquer ne demande qu'un peu de soin pour être convenablement exécuté. Il sera bon d'en conserver les résultats et de les disposer sur un carton.

II. Notions agricoles. — Examen, surtout dans les promenades, des principales espèces de sols.

On s'attachera à montrer aux enfants que les plantes, comme les animaux, ont besoin de nourriture pour vivre, et on réalisera à cet effet quelques cultures en pots et dans un carré du jardin ; l'expérience suivante sera le point de départ : semer quelques graines de plantes à croissance rapide, des haricots hâtifs, par exemple d'une part dans une bonne terre additionnée d'une dose suffisante d'engrais convenable, d'autre part dans un milieu stérile tel que de la terre épuisée, du sable, du gravier, ou même du verre cassé de la grosseur de çe dernier. La nécessité des engrais sera ainsi mise en évidence ; ou en fera connaître plus tard la composition.

Les premières notions relatives « aux travaux et instruments usuels de culture » seront données d'abord dans les promenades ; c'est dans les leçons « plus méthodiques » indiquées au programme du cours supérieur qu'on les complétera.

* *

Le cours supérieur proprement dit est rarement organisé dans les écoles rurales ; ordinairement, les élèves les plus avancés ou les plus âgés forment une sorte de division supérieure du cours moyen. Quoi qu'il en soit, voici la règle à suivre :

Les enfants de douze ou treize ans devront recevoir un enseignement agricole plus étendu que celui qui est représenté par le programme du cours moyen ; **les maîtres ajouteront donc à ce qui précède,** pour leurs plus grands élèves, **tout ce qu'ils pourront du programme suivant** dont · l'application ne présentera aucune difficulté sérieuse, si les notions scientifiques fondamentales ont été préalablement établies d'après des expériences simples realisées en classe et les observations faites sur nature.

Cours supérieur.

(De 11 à 13 ans)

Les notions de sciences physiques et naturelles sont « une révision et une extension du cours moyen » ; l'extension portera essentiellement sur les connaissances applicables à l'hygiène en ce qui concerne l'homme et les animaux, sur les notions de physiologie végétale et sur quelques éléments de chimie en ce qui concerne les végétaux. Voici l'indication de la matière des leçons pour chaque semestre, les notions de sciences naturelles et celles de sciences physiques étant exposées en hiver et parallèlement, de façon à se compléter mutuellement.

Premier semestre.

I. Les animaux. — Les grands traits de classification seront établis sur des exemples pris, autant que possible, parmi les animaux du pays ; choisir de préférence ceux qui sont utiles ou nuisibles. Les animaux domestiques tiendront naturellement la première place, et on cherchera surtout à établir les notions sur lesquelles s'appuient les règles de l'hygiène et l'alimentation du bétail.

L'étude des principaux organes pourra être facilitée par l'observation directe d'un animal abattu ; quelques instituteurs savent préparer l'appareil digestif d'un animal de petite taille, un squelette même, et en enrichir le musée scolaire ; leur exemple mérite d'être signalé.

II. L'homme. — Les notions d'anatomie données aux enfants doivent avoir surtout pour effet de les convaincre de la nécessité des règles de l'hygiène ; elles porteront essentiellement sur la digestion, la circulation, la respiration et les relations des sens avec le système nerveux. On évitera l'exagération et l'on se gardera des recettes plus ou moins empiriques qu'il ne faut pas confondre avec l'hygiène, encore moins avec la médecine.

III. Notions de physique. — C'est par des expériences simples et peu coûteuses qu'on les établira. Cette partie du programme sera surtout développée à la ville et dans les centres industriels.

A la campagne, on pourra se borner aux démonstrations qui mettront en évidence les principaux effets de la chaleur, de la lumière, de l'électricité et de la pesanteur. Ce qui importe surtout ici, c'est d'exciter la curiosité des enfants et de choisir les exemples parmi les phénomènes faciles à reproduire ou à observer, on ne parlera des autres que si l'on peut épuiser la série des premiers.

Quelques notions relatives à la météorologie sont nécessaires ; l'enfant sera familiarisé, non à la construction du baromètre et du thermomètre, mais avec les indications fournies par ces instruments et la manière de recueillir ces indications ; on le mettra à même de lire un bulletin météorologique.

IV. Notions de chimie. — Les expériences faciles à réaliser avec un matériel fort réduit sont très nombreuses.

. . . .

On choisira, parmi les expériences possibles, celles qui ont un rapport immédiat avec l'agriculture ; les substances qui servent de nourriture aux plantes seront considérées comme les plus importantes. Des cendres de bois, on extraira de la potasse ; un os calciné sera transformé en phosphate soluble, en l'attaquant par de l'acide chlorhydrique étendu ; on reformera ensuite le phosphate insoluble en neutralisant l'acide employé par une base ou simplement par du carbonate de soude. L'ammoniaque sera décelée, par la chaux, dans les sels qui en sont formés et qu'on emploie comme engrais. On apprendra à distinguer les uns des autres les principaux engrais commerciaux : les nitrates des sels ammoniacaux et potassiques, les superphosphates des scories, etc. L'important est que chacun des termes scientifiques entrés aujourd'hui dans le langage courant de l'agriculture ait une signification précise pour les élèves qui vont quitter l'école rurale.

La connaissance des principaux engrais sera considérablement facilitée par l'usage qu'on en fera au semestre d'été pour les expériences de cultures démonstratives.

V. Les minéraux. — Les notions relatives au sol, aux roches et aux terrains seront données, d'une part, dans les leçons de choses

avec les objets du musée scolaire et à propos de quelques expériences de chimie, d'autre part et surtout, dans les promenades agricoles.

VI. Agriculture et horticulture. — Les leçons proprement dites commenceront avant le printemps ; elles porteront sur les sujets intéressant essentiellement les cultures locales. La leçon doit, autant que possible, se rapporter à des choses vues, à des objets examinés déjà par les enfants ; le maître commencera donc par les sujets qui ont été abordés au cours moyen et qui ont fait l'objet d'explications à propos de lectures, de promenades, etc.

Il continuera ensuite pendant toute la belle saison, en faisant concorder les leçons avec les exercices pratiques, les excursions, etc. ; l'objet de la leçon proprement dite d'agriculture ou d'horticulture doit être celui de la promenade récente, ou prochaine, celui de l'exercice pratique réalisé ou à réaliser à la même époque.

Deuxième semestre.

Cultures démonstratives. — Elles doivent être préparées et conduites de manière à bien mettre en évidence les vérités fondamentales suivantes :

1° L'air doit pénétrer facilement dans le sol, car les racines ne peuvent se passer d'oxygène ; elles respirent comme les feuilles ; elles doivent trouver partout une nourriture convenable, c'est-à-dire que l'engrais doit être intimement mélangé à la terre dans toutes les parties du sol où elles se développent.

2° Dans toute terre arable, quatre substances, **l'azote**, **l'acide phosphorique**, la **potasse** et la **chaux** suffisent pour assurer l'alimentation complète et le parfait développement des végétaux cultivés.

3° Le cultivateur n'a pas à se préoccuper de fournir au sol d'autres éléments que ceux indiqués, lesquels n'épuisent pas la terre arable, même s'ils sont apportés sous forme minérale ; toutefois, dans ce dernier cas, les propriétés physiques du sol peuvent être modifiées d'une façon désavantageuse. Les matières organiques, loin d'être inutiles, maintiennent la terre dans un état favorable à l'aération et au développement des racines ; en outre, elles agissent efficacement sur les substances nutritives contenues dans le sol. De sorte que pour fournir à une terre, dans les meilleures conditions, les quatre éléments en proportion convenable, le fumier est le premier engrais indiqué ; on le complète par des engrais chimiques appropriés.

4° Un engrais convient bien à un sol s'il lui apporte **ce qui lui manque** pour nourrir les végétaux à cultiver. La composition d'un

Cours préparatoire.

Chants à l'unisson et à deux parties appris exclusivement par l audition.

Cours élémentaire.

Chants appris tout d'abord exclusivement par l'audition.
Lecture des notes.

Cours moyen.

Chants d'ensemble à une et à deux voix appris par l'audition.

Connaissance des notes, portée, clef de *sol*; lecture, premiers exercices d'intonation, durée, ronde, blanche, noire, croches, silences, mesures à deux, trois et quatre temps; lecture des notes avec la durée en battant la mesure.

Exercices les plus simples de solfège ; dictées orales.

Cours supérieur.

Continuation du cours moyen.

Exercices d'intonation. Clef de *sol* et clef de *fa*. Gamme diatonique majeure, intervalles naturels, signes altératifs. Principaux tons majeurs et mineurs. Durée.

Exercices de solfège, dictées orales, exécution de morceaux d'ensemble à une et à deux parties.

ÉDUCATION MORALE. — OBJET. — MÉTHODE. PROGRAMME.

1° OBJET DE L'ENSEIGNEMENT MORAL

L'éducation morale se distingue profondément par son but et par ses caractères essentiels des deux autres parties du programme.

But et caractères essentiels de cet enseignement. — L'enseignement moral est destiné à compléter et à relier, à relever et à ennoblir tous les enseignements de l'école. Tandis que les autres études développent chacune un ordre spécial d'aptitudes et de connaissances utiles, celle-ci tend à développer, dans l'homme, l'homme lui-même, c'est-à-dire un cœur, une intelligence, une conscience.

Par là même, l'enseignement moral se meut dans une toute autre

avec les objets du musée scolaire et à propos de quelques expériences de chimie, d'autre part et surtout, dans les promenades agricoles.

VI. Agriculture et horticulture. — Les leçons proprement dites commenceront avant le printemps ; elles porteront sur les sujets intéressant essentiellement les cultures locales. La leçon doit, autant que possible, se rapporter à des choses vues, à des objets examinés déjà par les enfants ; le maître commencera donc par les sujets qui ont été abordés au cours moyen et qui ont fait l'objet d'explications à propos de lectures, de promenades, etc.

Il continuera ensuite pendant toute la belle saison, en faisant concorder les leçons avec les exercices pratiques, les excursions, etc. ; l'objet de la leçon proprement dite d'agriculture ou d'horticulture doit être celui de la promenade récente, ou prochaine, celui de l'exercice pratique réalisé ou à réaliser à la même époque.

Deuxième semestre.

Cultures démonstratives. — Elles doivent être préparées et conduites de manière à bien mettre en évidence les vérités fondamentales suivantes :

1° L'air doit pénétrer facilement dans le sol, car les racines ne peuvent se passer l'oxygène ; elles respirent comme les feuilles ; elles doivent trouver partout une nourriture convenable, c'est-à-dire que l'engrais doit être intimement mélangé à la terre dans toutes les parties du sol où elles se développent.

2° Dans toute terre arable, quatre substances, **l'azote**, **l'acide phosphorique**, l **potasse** et la **chaux** suffisent pour assurer l'alimentation complèt et le parfait développement des végétaux cultivés.

3° Le cultivateur a pas à se préoccuper de fournir au sol d'autres éléments que ceux indiqués, lesquels n'épuisent pas la terre arable, même s'ils sont apportés sous forme minérale ; toutefois, dans ce dernier cas, les propriétés physiques du sol peuvent être modifiées d'une façon désavantageuse. Les matières organiques, loin d'être inutiles, maintiennent la terre dans un état favorable à l'aération et au développement des racines ; en outre, elles agissent efficacement sur les substances nutritives contenues dans le sol. De sorte que pour fournir à une terre, dans les meilleures conditions, les quatre éléments en proportion convenable, le fumier est le premier engrais indiqué ; on le complète par des engrais chimiques appropriés.

4° Un engrais convient bien à un sol s'il lui apporte **ce qui lui manque** pour nourrir les végétaux à cultiver. La composition d'un

Cours préparatoire.

Chants à l'unisson et à deux parties appris exclusivement par l'audition.

Cours élémentaire.

Chants appris tout d'abord exclusivement par l'audition.
Lecture des notes.

Cours moyen.

Chants d'ensemble à une et à deux voix appris par l'audition.

Connaissance des notes, portée, clef de *sol*; lecture, premiers exercices d'intonation, durée, ronde, blanche, noire, croches, silences, mesures à deux, trois et quatre temps; lecture des notes avec la durée en battant la mesure.

Exercices les plus simples de solfège; dictées orales.

Cours supérieur.

Continuation du cours moyen.

Exercices d'intonation. Clef de *sol* et clef de *fa*. Gamme diatonique majeure, intervalles naturels, signes altératifs. Principaux tons majeurs et mineurs. Durée.

Exercices de solfège, dictées orales, exécution de morceaux d'ensemble à une et à deux parties.

ÉDUCATION MORALE. — OBJET. — MÉTHODE. PROGRAMME.

1° OBJET DE L'ENSEIGNEMENT MORAL

L'éducation morale se distingue profondément par son but et par ses caractères essentiels des deux autres parties du programme.

But et caractères essentiels de cet enseignement. — L'enseignement moral est destiné à compléter et à relier, à relever et à ennoblir tous les enseignements de l'école. Tandis que les autres études développent chacune un ordre spécial d'aptitudes et de connaissances utiles, celle-ci tend à développer, dans l'homme, l'homme lui-même, c'est-à-dire un cœur, une intelligence, une conscience.

Par là même, l'enseignement moral se meut dans une toute autre sphère que le reste de l'enseignement. La force de l'éducation morale dépend bien moins de la précision et de la liaison logique des vérités enseignées que de l'intensité du sentiment, de la vivacité des impressions et de la chaleur communicative de la conviction. Cette éducation n'a pas pour but de faire *savoir*, mais de faire *vouloir*; elle émeut plus qu'elle ne démontre ; devant agir sur l'être sensible, elle procède plus du cœur que du raisonnement ; elle n'entreprend pas d'analyser toutes les raisons de l'acte moral, elle cherche avant tout à le produire, à le répéter, à en faire une habitude qui gouverne la vie. A l'école primaire surtout, ce n'est pas une science, c'est un art, l'art d'incliner la volonté libre vers le bien.

Rôle de l'Instituteur dans cet enseignement.— L'instituteur est chargé de cette partie de l'éducation en même temps que des autres, comme représentant de la société : la société laïque et démocratique a, en effet, l'intérêt le plus direct à ce que tous ses membres soient initiés de bonne heure et par des leçons ineffaçables au sentiment de leur dignité et à un sentiment non moins profond de leur devoir et de leur responsabilité personnelle.

Pour atteindre ce but, l'instituteur n'a pas à enseigner de toutes pièces une morale théorique suivie d'une morale pratique, comme s'il s'adressait à des enfants dépourvus de toute notion préalable du bien et du mal : l'immense majorité lui arrive, au contraire, ayant déjà reçu ou recevant un enseignement religieux qui les familiarise avec l'idée d'un Dieu auteur de l'univers et père des hommes, avec les traditions, les croyances, les pratiques d'un culte chrétien ou israélite ; au moyen de ce culte et sous les formes qui lui sont particulières, ils ont déjà reçu les notions fondamentales de la morale éternelle et universelle, mais ces notions sont encore chez eux à l'état de germe naissant et fragile, elles n'ont pas pénétré profondément en eux-mêmes, elles sont fugitives et confuses, plutôt entrevues que possédées, confiées à la mémoire bien plus qu'à la conscience, à peine exercée encore. Elles attendent d'être mûries et développées par une culture convenable. C'est cette culture que l'instituteur public va leur donner.

Sa mission est donc bien délimitée ; elle consiste à fortifier, à enraciner dans l'âme de ses élèves, pour toute leur vie, en les faisant passer dans la pratique quotidienne, ces notions essentielles de moralité humaine, communes à toutes les doctrines et nécessaires à tous les hommes civilisés. Il peut remplir cette mission sans avoir à faire personnellement ni adhésion, ni opposition à aucune des diverses croyances confessionnelles auxquelles ses élèves associent et mêlent les principes généraux de la morale.

Il prend ces enfants tels qu'ils lui viennent, avec leurs idées et leur langage, avec les croyances qu'ils tiennent de la famille et il n'a d'autre souci que de leur apprendre à en tirer ce qu'elles contiennent de plus précieux au point de vue social, c'est-à-dire les préceptes d'une haute moralité.

Objet propre et limites de cet enseignement. — L'enseignement moral laïque se distingue donc de l'enseignement religieux sans le contredire. L'instituteur ne se substitue ni au prêtre, ni au père de famille ; il joint ses efforts aux leurs pour faire de chaque enfant un honnête homme. Il doit insister sur les devoirs qui rapprochent les hommes et non sur les dogmes qui les divisent. Toute discussion théologique et philosophique lui est manifestement interdite par le caractère même de ses fonctions, par l'âge de ses élèves, par la confiance des familles et de l'État ; il concentre tous ses efforts sur un problème d'une autre nature, mais non moins ardu, par cela même qu'il est exclusivement pratique : c'est de faire faire à tous ces enfants l'apprentissage effectif de la vie morale.

Plus tard, devenus citoyens, ils seront peut-être séparés par des opinions dogmatiques, mais, du moins, ils seront d'accord dans la pratique pour placer le but de la vie aussi haut que possible, pour avoir la même horreur de tout ce qui est bas et vil. la même admiration de ce qui est noble et généreux, la même délicatesse dans l'appréciation du devoir, pour aspirer au perfectionnement moral, quelques efforts qu'il en coûte, pour se sentir unis, dans ce culte général du bien, du beau et du vrai qui est une forme, et non la moins pure, du sentiment religieux.

2° MÉTHODE

Caractères de la méthode en ce qui concerne l'élève. — Pour que la culture morale, entendue comme il est dit plus haut, soit possible et soit efficace dans l'enseignement primaire, une condition est indispensable : c'est que cet enseignement atteigne au vif de l'âme, qu'il ne se confonde ni par le ton, ni par le caractère, ni par la forme, avec une leçon proprement dite. Il ne suffit pas de donner à l'élève des notions correctes et de le munir de sages maximes, il faut arriver à faire éclore en lui des sentiments assez vrais et assez forts pour l'aider un jour, dans la lutte de la vie, à triompher des passions et des vices. On demande à l'instituteur non pas d'orner la mémoire de l'enfant, mais de toucher son cœur, de lui faire ressentir, par une expérience directe, la majesté de la loi morale ; c'est assez dire que les moyens à employer ne peuvent être semblables à ceux d'un cours de science ou de grammaire. Ils doivent être non seulement plus souples et plus variés, mais plus intimes, plus émouvants, plus pratiques, d'un caractère tout ensemble moins didactique et plus grave.

L'instituteur ne saurait trop se représenter qu'il s'agit pour lui de former chez l'enfant le sens moral, de l'aiguiser, de le redresser parfois, de l'affermir toujours ; et, pour y parvenir, le plus sûr moyen dont dispose un maître qui n'a que si peu de temps pour une œuvre si longue, c'est d'exercer beaucoup, et avec un soin extrême, ce délicat instrument de la conscience. Qu'il se borne aux points essentiels, qu'il reste élémentaire, mais clair, mais simple, mais impératif et persuasif tout ensemble. Il doit laisser de côté les développements qui trouveraient leur place dans un enseignement plus élevé ; pour lui la tâche se borne à accumuler, dans l'esprit et dans le cœur de l'enfant qu'il entreprend de façonner à la vie morale, assez de beaux exemples, assez de bonnes impressions, assez de saines idées, d'habitudes salutaires et de nobles aspirations pour que cet enfant emporte de l'école, avec son petit patrimoine de connaissances élémentaires, un trésor plus précieux encore : une conscience droite.

Caractères de la méthode en ce qui concerne le maître. — Deux choses sont expressément recommandées aux maîtres : d'une part, pour que l'élève se pénètre de ce respect de la loi morale, qui est à lui seul toute une éducation, il faut premièrement que par son caractère, par sa conduite, par son langage, il soit lui-même le plus persuasif des exemples. Dans cet ordre d'enseignement, ce qui ne vient pas du cœur ne va pas au cœur. Un maître qui récite des préceptes, qui parle du devoir sans conviction, sans chaleur, fait bien pis que perdre sa peine, il est en faute : un cours de morale régulier, mais froid, banal et sec, n'enseigne pas la morale, parce qu'il ne la fait pas aimer. Le plus simple récit où l'enfant pourra surprendre un accent de gravité, un seul mot sincère, vaut mieux qu'une longue suite de leçons machinales.

D'autre part, — et il est à peine besoin de formuler cette prescription, — le maître devra éviter comme une mauvaise action tout ce qui, dans son langage ou dans son attitude, blesserait les croyances religieuses des enfants confiés à ses soins, tout ce qui porterait le trouble dans leur esprit, tout ce qui trahirait de sa part envers une opinion quelconque un manque de respect ou de réserve.

La seule obligation à laquelle il soit tenu, — et elle est compatible avec le respect de toutes les croyances, — c'est de surveiller d'une façon pratique et paternelle le développement moral de ses élèves avec la même sollicitude qu'il met à suivre leurs progrès scolaires ; il ne doit pas se croire quitte envers aucun d'eux s'il n'a fait autant pour l'éducation du caractère que pour celle de l'intelligence. A ce prix seulement l'instituteur aura mérité le titre d'*éducateur*, et l'instruction primaire le nom d'*éducation libérale*.

3° CONSEILS PRATIQUES ET PROGRAMMES

A ces conseils généraux nous croyons devoir ajouter les recommandation de pédagogie pratique suivantes, que M. Jules Ferry adressait aux Instituteurs dans sa lettre du 17 novembre 1883.

La loi du 28 mars se caractérise par deux dispositions qui se complètent, sans se contredire : d'une part, elle met en dehors du programme obligatoire l'enseignement de tout dogme particulier ; d'autre part, elle y place au premier rang l'enseignement moral et civique. L'instruction religieuse appartient aux familles et à l'église, l'instruction morale à l'école.

Le législateur n'a donc pas entendu faire une œuvre purement négative. Sans doute il a eu pour premier objet de séparer l'école de l'église, d'assurer la liberté de conscience et des maîtres et des élèves, de distinguer enfin deux domaines trop longtemps confondus, celui des croyances qui sont personnelles, libres et variables, et celui des connaissances qui sont communes et indispensables à tous de l'aveu de tous. Mais il y a autre chose dans la loi du 28 mars : elle affirme la volonté de fonder chez nous une éducation nationale, et de la fonder sur ces notions du devoir et du droit que le législateur n'hésite pas à inscrire au nombre des premières vérités que nul ne peut ignorer.

Pour cette partie capitale de l'éducation, c'est sur vous, Monsieur, que les pouvoirs publics ont compté. En vous dispensant de l'enseignement religieux, on n'a pas songé à vous décharger de l'enseignement moral : c'eût été vous enlever ce qui fait la dignité de votre profession. Au contraire, il a paru tout naturel que l'instituteur, en même temps qu'il apprend aux enfants à lire et à écrire, leur enseigne aussi ces règles élémentaires de la vie morale, qui ne sont pas moins universellement acceptées que celles du langage et du calcul. . . . .

. . . . Au lendemain même du vote de la loi, le conseil supérieur de l'instruction publique a pris soin de vous expliquer ce qu'on attendait de vous. et il l'a fait en des termes qui défient toute équivoque. Vous trouverez ci-inclus un exemplaire des programmes qu'il a approuvés et qui sont pour vous le plus précieux commentaire de la loi : Je ne saurais trop vous recommander de les relire et de vous en inspirer. Vous y puiserez la réponse aux deux critiques opposées qui vous parviennent. Les uns vous disent : votre tâche d'éducateur moral est impossible à remplir. Les autres : elle est banale et insignifiante. C'est placer le but ou trop haut ou trop bas. Laissez-moi vous expliquer que la tâche n'est ni au-dessus de vos forces ni au-dessous de votre estime ; qu'elle est très limitée et pourtant d'une très grande importance, — extrêmement simple, mais extrêmement difficile.

J'ai dit que votre rôle en matière d'éducation morale est très limité. Vous n'avez à enseigner à proprement parler rien de nouveau, rien qui ne vous soit familier comme à tous les honnêtes gens. Et quand on vous parle de mission et d'apostolat, vous n'allez pas vous y méprendre : vous n'êtes point l'apôtre d'un nouvel évangile ; le législateur n'a voulu faire de vous ni un philosophe ni un théologien improvisé. Il ne vous demande rien qu'on ne puisse demander à tout homme de cœur et de sens. Il est impossible que vous voyiez chaque jour tous ces enfants qui se pressent autour de vous, écoutant vos leçons, observant votre conduite, s'inspirant de vos exemples, à l'âge où l'esprit s'éveille, où le cœur s'ouvre, où la mémoire s'enrichit, sans que l'idée vous vienne aussitôt de profiter de cette docilité, de cette confiance, pour leur transmettre, avec les connaissances scolaires proprement dites, les principes mêmes de la morale, j'entends simplement de cette bonne et antique morale que nous avons reçue de nos pères et que nous nous honorons tous de suivre dans les relations de la vie, sans nous mettre en peine d'en discuter les bases philosophiques.

Vous êtes l'auxiliaire, et à certains égards, le suppléant du père de famille; parlez donc à son enfant comme vous voudriez que l'on parlât au vôtre : avec force et autorité toutes les fois qu'il s'agit d'une vérité incontestée, d'un précepte de la morale commune ; avec la plus grande réserve, dès que vous risquez d'effleurer un sentiment religieux dont vous n'êtes pas juge.

Si parfois vous étiez embarrassé pour savoir jusqu'où il vous est permis d'aller dans votre enseignement moral, voici une règle pratique à laquelle vous pourrez vous tenir. Au moment de proposer à vos élèves un précepte, une maxime quelconque, demandez-vous s'il se trouve à votre connaissance un seul honnête homme qui puisse être froissé de ce que vous allez dire. Demandez-vous si un père de famille, je dis un seul, présent à votre classe et vous écoutant, pourrait de bonne foi refuser son assentiment à ce qu'il vous entendrait dire. Si oui, abstenez-vous de le dire ; si non, parlez hardiment; car ce que vous allez communiquer à l'enfant, ce n'est pas votre sagesse, c'est la sagesse du genre humain, c'est une de ces idées d'ordre universel que plusieurs siècles de civilisation ont fait entrer dans le patrimoine de l'humanité. Si étroit que vous semble peut-être un cercle d'action ainsi tracé, faites-vous un devoir d'honneur de n'en jamais sortir, restez en deçà de cette limite plutôt que de vous exposer à la franchir : vous ne toucherez jamais avec trop de scrupule à cette chose délicate et sacrée qui est la conscience de l'enfant.

Mais, une fois que vous vous êtes ainsi loyalement enfermé dans l'humble et sûre région de la morale usuelle, que vous demande-t-on ? des discours ? des dissertations savantes ? de brillants exposés, un docte enseignement? Non, la famille et la société vous demandent de les aider à bien élever leurs enfants, à en faire des honnêtes gens. C'est dire qu'elles attendent de vous non des paroles, mais des actes, non pas un enseignement de plus à inscrire au programme, mais un service tout pratique que vous pouvez rendre au pays plutôt encore comme homme que comme professeur.

Il ne s'agit plus là d'une série de vérités à démontrer, mais, ce qui est tout autrement laborieux, d'une longue suite d'influences morales à exercer sur de jeunes êtres à force de patience, de fermeté, de douceur, d'élévation dans le caractère et de puissance persuasive. On a compté sur vous pour leur apprendre à bien vivre par la manière même dont vous vivrez avec eux et devant eux. On a osé prétendre pour vous à ce que d'ici à quelques générations les habitudes et les idées des populations au milieu desquelles vous aurez exercé attestent les bons effets de vos leçons de morale. Ce sera dans l'histoire un honneur particulier pour notre corps enseignant, d'avoir mérité d'inspirer aux chambres françaises cette opinion qu'il y a dans chaque instituteur, dans chaque institutrice, un auxiliaire naturel du progrès moral et social, une personne dont l'influence ne peut manquer en quelque sorte d'élever autour d'elle le niveau des mœurs. Ce rôle est assez beau pour que vous n'éprouviez nul besoin de l'agrandir. D'autres se chargeront plus tard d'achever l'œuvre que vous ébauchez dans l'enfant et d'ajouter à l'enseignement primaire de la morale un complément de culture philosophique ou religieuse. Pour vous, bornez-vous à l'office que la société vous assigne et qui a aussi sa noblesse : poser dans l'âme des enfants les premiers et solides fondements de la simple moralité.

Dans une telle œuvre, vous le savez, monsieur, ce n'est pas avec des difficultés de théorie et de haute spéculation que vous avez à vous mesurer : c'est avec des défauts, des vices, des préjugés grossiers. Ces défauts, il ne s'agit pas de les condamner — tout le monde ne les condamne-t-il pas ? — mais de les faire disparaître par une succession de petites victoires obscurément remportées. Il ne suffit donc pas que vos élèves aient compris et retenu vos leçons, il faut surtout que leur caractère s'en ressente ; ce n'est pas dans l'école, c'est surtout hors de l'école qu'on pourra juger ce qu'a valu votre enseignement.

Au reste, voulez-vous en juger vous-même dès à présent et voir si votre enseignement est bien engagé dans cette voie, la seule bonne : examinez s'il a déjà conduit vos élèves à quelques réformes pratiques. Vous leur avez parlé par exemple du respect dû à la loi ; si cette leçon ne les empêche pas, au sortir de la classe, de commettre une fraude, un acte, fût-il léger, de contrebande ou de braconnage, vous n'avez rien fait encore : la leçon de morale n'a pas porté.

Ou bien vous leur avez expliqué ce que c'est que la justice et que la vérité : en sont-ils assez profondément pénétrés pour aimer mieux avouer une faute que de la dissimuler par un mensonge, pour se refuser à une indélicatesse ou à un passe droit en leur faveur ?

Vous avez flétri l'égoïsme et fait l'éloge du dévouement : ont-ils, le moment d'après, abandonné un camarade en péril pour ne songer qu'à eux-mêmes ? Votre leçon est à recommencer.

Et que ces rechutes ne vous découragent pas : ce n'est pas l'œuvre d'un jour de former ou de réformer une âme libre. Il y faut beaucoup de leçons, sans doute, des lectures, des maximes écrites, copiées, lues et relues, mais il faut surtout des exercices pratiques, des efforts, des actes, des habitudes. Les enfants ont, en morale, un apprentissage à faire, absolument comme pour la lecture ou le calcul. L'enfant qui sait reconnaître et assembler des lettres ne sait pas encore lire, celui qui sait les tracer l'une après l'autre ne sait pas écrire. Que manque-t-il à l'un et à l'autre ? La pratique, l'habitude, la facilité, la rapidité et la sûreté de l'exécution. De même, l'enfant qui répète les premiers préceptes de la morale ne sait pas encore se conduire ; il faut qu'on l'exerce à les appliquer couramment, ordinairement presque d'instinct : alors seulement la morale aura passé de son esprit dans son cœur et elle passera de là dans sa vie ; il ne pourra plus la désapprendre.

De ce caractère tout pratique de l'éducation morale à l'école primaire, il me semble facile de tirer les règles qui doivent vous guider dans le choix de vos moyens d'enseignement.

Une seule méthode vous permettra d'obtenir les résultats que nous souhaitons. C'est celle que le conseil supérieur vous a recommandée : peu de formules, peu d'abstractions, beaucoup d'exemples et surtout d'exemples pris sur le vif de la réalité. Ces leçons veulent un autre ton, une autre allure que tout le reste de la classe, je ne sais quoi de plus personnel, de plus intime, de plus grave. Ce n'est pas le livre qui parle, ce n'est même plus le fonctionnaire, c'est pour ainsi dire le père de famille dans la sincérité de sa conviction et de son sentiment.

Est-ce à dire qu'on puisse vous demander de vous répandre en une sorte d'improvisation perpétuelle sans aliment et sans appui du dehors? Personne n'y a songé, et, bien loin de vous manquer, les secours extérieurs qui vous sont offerts ne peuvent vous embarrasser que par leur richesse et leur diversité. Des philosophes et des publicistes, dont quelques-uns comptent parmi les plus autorisés de notre temps et de notre pays, ont tenu à honneur de se faire vos collaborateurs; ils ont mis à votre disposition ce que leur doctrine a de plus pur et de plus élevé. Depuis quelques mois, nous voyons grossir presque de semaine en semaine le nombre des manuels d'instruction morale et civique. Rien ne prouve mieux le prix que l'opinion publique attache à l'établissement d'une forte culture morale par l'école primaire. L'enseignement laïque de la morale n'est donc ni impossible, ni inutile, puisque la mesure décrétée par le législateur a éveillé aussitôt un si puissant écho dans le pays.

C'est ici cependant qu'il importe de distinguer de plus près entre l'essentiel et l'accessoire, entre l'enseignement moral, qui est obligatoire, et les moyens d'enseignement, qui ne le sont pas. Si quelques personnes, peu au courant de la pédagogie moderne, ont pu croire que nos livres scolaires d'instruction morale et civique allaient être une sorte de catéchisme nouveau, c'est là une erreur que ni vous ni vos collègues n'avez pu commettre. Vous savez trop bien que, sous le régime de libre examen et de libre concurrence, qui est le droit commun en matière de librairie classique, aucun livre ne vous arrive imposé par l'autorité universitaire. Comme tous les ouvrages que vous employez, et plus encore que les autres, le livre de morale est entre vos mains un auxiliaire et rien de plus, un instrument dont vous vous servez sans vous y asservir.

Les familles se méprendraient sur le caractère de votre enseignement moral si elles pouvaient croire qu'il réside surtout dans l'usage exclusif d'un livre même excellent. C'est à vous de mettre la vérité morale à la portée de toutes les intelligences, même de celles qui n'auraient, pour suivre vos leçons, le secours d'aucun manuel, et ce sera le cas tout d'abord dans le cours élémentaire. Avec de tout jeunes enfants qui commencent seulement à lire, un manuel spécial de morale et d'instruction civique serait manifestement inutile. A ce premier degré, le conseil supérieur vous recommande, de préférence à l'étude prématurée d'un traité quelconque, ces causeries familières dans la forme, substantielles au fond, ces explications à la suite des lectures et des leçons diverses, ces mille prétextes que vous offrent la classe et la vie de tous les jours pour exercer le sens moral de l'enfant.

Dans le cours moyen, le manuel n'est autre chose qu'un livre de lecture qui s'ajoute à ceux que vous possédez déjà. Là encore, le conseil, loin de vous prescrire un enchaînement rigoureux de doctrines, a tenu à vous laisser libre de varier vos procédés d'enseignement: le livre n'intervient que pour vous fournir un choix tout fait de bons exemples, de sages maximes et de récits qui mettent la morale en action.

Enfin, dans le cours supérieur, le livre devient surtout un utile moyen de reviser, de fixer et de coordonner ; c'est comme le recueil méthodique des principales idées qui doivent se graver dans l'esprit du jeune homme.

Mais, vous le voyez, à ces trois degrés, ce qui importe, ce n'est pas l'action du livre, c'est la vôtre. Il ne faudrait pas que le livre vînt en quelque sorte s'interposer entre vos élèves et vous, refroidir votre parole, en émousser l'impression sur l'âme des élèves, vous réduire au rôle de simple répétiteur de la morale. Le livre est fait pour vous, et non vous pour le livre. Il est votre conseiller et votre guide, mais c'est vous qui devez rester le guide et le conseiller par excellence de vos élèves. . . . .

. . . . Je ne saurais trop vous le redire, faites toujours bien conprendre que vous mettez votre amour-propre, ou plutôt votre honneur, à faire pénétrer profondément dans les jeunes générations l'enseignement pratique des bonnes règles et des bons sentiments.

Il dépend de vous, monsieur, j'en ai la certitude, de hâter par votre manière d'agir le moment où cet enseignement sera partout non pas seulement accepté, mais apprécié, honoré, aimé comme il mérite de l'être. Les populations mêmes dont on a cherché à exciter les inquiétudes ne résisteront pas longtemps à l'expérience qui se fera sous leurs yeux. Quand elles vous auront vu à l'œuvre, quand elles reconnaîtront que vous n'avez d'autre arrière-pensée que de leur rendre leurs enfants plus instruits et meilleurs, quand elles remarqueront que vos leçons de morale commencent à produire de l'effet, que leurs enfants rapporteront de votre classe de meilleures habitudes, des manières plus douces et plus respectueuses. plus de droiture, plus d'obéissance, plus de goût pour le travail, plus de soumission au devoir, enfin tous les signes d'une incessante amélioration morale, alors la cause de l'école laïque sera gagnée, le bon sens du père et le cœur de la mère ne s'y tromperont pas ; et ils n'auront pas besoin qu'on leur apprenne ce qu'ils vous doivent d'estime, de confiance et de gratitude......

Cours préparatoire et élémentaire.

Avec les élèves des cours préparatoire et élémentaire, le maître commence par raconter une historiette bien choisie, appropriée au sujet à développer. Par des questions nombreuses et habiles, il les amène à en dégager la conclusion morale, qu'il résume en une maxime simple et claire écrite au tableau noir, et qu'ils apprennent par cœur.

L'histoire est ensuite répétée par un ou plusieurs d'entre eux. Le maître dicte enfin un résumé de la leçon que les élèves du cours élémentaire reproduisent sur leur cahier-journal.

Nous ne croyons pas utile d'établir ici une répartition mensuelle ; les instructions officielles ci-après indiquent parfaitement les limites de l'enseignement moral pour les tout petits enfants.

« Entretiens familiers. Lectures avec explications (récits, exemples, préceptes, paraboles et fables). Enseignement par le cœur.

« Exercices pratiques tendant à mettre la morale en action dans la classe même :

« 1° Par l'observation individuelle des caractères (tenir compte des prédispositions des enfants pour corriger leurs défauts avec douceur ou développer leurs qualités) ;

« 2° Par l'application intelligente de la discipline scolaire comme moyen d'éducation (distinguer soigneusement le manquement au devoir de la simple infraction au règlement, faire saisir le rapport de la faute à la punition, donner l'exemple dans le gouvernement de la classe d'un scrupuleux esprit d'équité, inspirer l'horreur de la délation, de la dissimulation, de l'hypocrisie, mettre au-dessus de tout la franchise et la droiture, et pour cela ne jamais décourager le franc parler des enfants, leurs réclamations, leurs demandes, etc.) ;

« 3° Par l'appel incessant au sentiment et au jugement moral de l'enfant lui-même (faire souvent les élèves juges de leur propre conduite, leur faire estimer surtout chez eux et chez les autres l'effort moral et intellectuel, savoir les laisser dire et les laisser faire, sauf à les amener ensuite à découvrir par eux-mêmes leurs erreurs ou leurs torts).

« 4° Par le redressement des notions grossières (préjugés et superstitions populaires, croyances aux sorciers, aux revenants, à l'influence de certains nombres, terreurs folles, etc.).

« 5° Par l'enseignement à tirer des faits observés par les enfants eux-mêmes ; à l'occasion, leur faire sentir les tristes suites des vices dont ils ont parfois l'exemple sous les yeux : de l'ivrognerie, de la paresse, du désordre, de la cruauté, des appétits brutaux, etc., en leur inspirant autant de compassion encore pour les victimes du mal, que d'horreur pour le mal lui-même ; — procéder de même par voie d'exemples concrets et d'appels à l'expérience immédiate des enfants pour les initier aux émotions morales, les élever, par exemple, au sentiment d'admiration pour l'ordre universel et au sentiment religieux en leur faisant contempler quelques grandes scènes de la nature; au sentiment de la charité, en leur signalant une misère à soulager, en leur donnant l'occasion d'un acte effectif de charité à accomplir avec discrétion ; aux sentiments de la reconnaissance et de la sympathie par le récit d'un trait de courage, par la visite à un établissement de bienfaisance, etc.

Cours moyen.

Le maître fait d'abord réciter le résumé de la leçon précédente, puis il lit un récit intéressant, vrai ou vraisemblable, approprié au sujet de la leçon du jour. Ce récit a surtout pour but de captiver l'attention des enfants, de les émouvoir, de les préparer à recevoir la leçon. Par une série de questions adroitement posées, il le leur fait commenter et les amène à en dégager un précepte, une conclusion morale.

Il explique, — avec leur concours, — ce précepte en le justifiant. Au fur et à mesure que la leçon se déroule, il note au tableau noir les principaux points développés.

Un autre procédé est également applicable.

Le maître, après avoir fait réciter le résumé de la leçon précédente, énonce la vérité morale, la justifie par un exposé clair et succinct, — au cours duquel il fait intervenir les élèves le plus possible, — et la confirme par un récit ou une lecture. — Les considérations développées à l'appui du précepte sont notées au tableau noir pour servir à la rédaction du résumé.

Quel que soit le procédé employé, — si les élèves n'ont pas de manuel entre les mains, — le maître leur dicte, pour terminer, un court résumé de la leçon, qu'ils transcrivent, — avec une maxime, — sur un cahier spécial, et qu'ils devront apprendre de manière à l'avoir toujours présent à l'esprit.

Différents exercices (lecture, récitation, rédaction, dictées, chant, etc.) complètent heureusement la leçon de morale proprement dite.

OCTOBRE (1).—*L'enfant dans la famille.*—Devoirs envers les parents et les grands-parents. — Obéissance, respect, amour et reconnaissance. — Aider les parents dans leurs travaux ; les soulager dans leurs maladies ; venir à leur aide dans leurs vieux jours.

NOVEMBRE. — *Devoirs des frères et sœurs.* — S'aimer les uns les autres. — Protection des plus âgés à l'égard des plus jeunes. — Action de l'exemple. — Devoirs envers les serviteurs. — Les traiter avec politesse, avec bonté.

DÉCEMBRE. — *L'enfant dans l'école.* — Assiduité, docilité, travail, convenances. — Devoirs envers l'instituteur. — Devoirs envers les camarades.

JANVIER. — *La Patrie.*— Bienfaits de la patrie.— Le Drapeau. —La France ; ses grandeurs et ses malheurs. — Devoirs envers la patrie et la société. — Les droits du Citoyen.

FÉVRIER. — *Devoirs envers soi-même.* — Le corps, propreté, sobriété, tempérance.

Dangers de l'ivresse. — Gymnastique.

MARS.—*Les biens extérieurs.* — La propriété. Économie (Conseils de Franklin : éviter les dettes ; funestes effets de la passion du jeu ; ne pas trop aimer l'argent et le gain ; prodigalité, avarice). — Le travail. — Ne pas perdre le temps, obligation du travail pour tous les hommes.

Noblesse du travail manuel. — L'Oisiveté.

(1) Voir Résumés de Morale de M. Nonus. Lib. Poiré-Choquet, 0,fr. 35.
Édition verte pour les Garçons — Édition rose pour les Filles

AVRIL. — *L'âme*. — Les facultés de l'âme. Dignité personnelle ; respect de soi-même. — Véracité et sincérité. — Ne jamais mentir. — Modestie. — Ne point s'aveugler sur ses défauts. — Eviter l'orgueil, la coquetterie, la vanité, la frivolité. — Avoir honte de l'ignorance et de la paresse.
Bonté envers les animaux. — Loi Grammont.

MAI. — *La société*. — Sa nécessité. — Ses bienfaits. — La solidarité. — La Fraternité. — Respect de la vie humaine. — Respect de la liberté d'autrui. — Respect du bien d'autrui. — Le vol. — Respect de la réputation : Médisance. — Calomnie. — Respect des opinions et des croyances.

JUIN.— *La charité*. — Les vertus de Charité. — La Bienveillance. — L'amitié.— La Bienfaisance. — Le Dévouement. — Devoirs envers Dieu.

JUILLET-AOUT. — Révision générale.

Cours supérieur.

Même méthode et mêmes procédés d'enseignement que dans le cours moyen.

OCTOBRE. — *L'enfant dans la famille*. — Définition de la famille. — La famille avant la Révolution. — Le droit d'aînesse. Devoirs envers les parents. Obéissance, respect, amour, reconnaissance. — Aide et protection dans la vieillesse.

NOVEMBRE. — *Devoirs des frères et sœurs*. — S'aimer les uns les autres. — Protection des plus âgés à l'égard des plus jeunes ; action de l'exemple.
Devoirs envers les serviteurs. Les traiter avec politesse, avec bonté.

DÉCEMBRE. — *L'enfant dans l'école*. — Assiduité, docilité, travail, convenances ; différence entre l'instruction et l'éducation. Devoirs envers l'instituteur, envers les camarades.

JANVIER. — *La patrie*. — Ce que l'homme doit à la patrie, l'obéissance aux lois : obligation scolaire, service militaire, discipline, dévouement, fidélité au drapeau. — Droits du citoyen.

FÉVRIER. — *Devoirs envers soi-même*. — Eveiller l'idée du respect de soi-même, de l'honneur, de la dignité personnelle. — Hygiène, propreté, tempérance, ivresse, gourmandise, utilité de la gymnastique.

MARS. — *Les biens extérieurs*. — La propriété. — Economie. — Eviter les dettes ; prodigalité, avarice. — Le travail. — Il est noble et légitime. — L'oisiveté et ses conséquences ; le travail est un devoir, il assure la dignité de la personne.

AVRIL. — *L'âme*. — Devoir de cultiver ses facultés. — Véracité et sincérité.— Ne jamais mentir, être fidèle à ses promesses ; être discret. — Respect de la parole donnée. — Respect de soi-même. — Combattre l'égoïsme, la vanité, l'envie, la jalousie, la colère, la haine. — Etre bon envers es animaux.

MAI. — *La Société.* — Nécessité et bienfaits de la société. — La justice, condition de toute société. — **La solidarité, la fraternité humaine. — Devoirs de justice. — Respect de la vie et de la liberté humaines ; respect de la propriété.—** Respect de l'honneur et de la réputation d'autrui. — Respect des opinions et des croyances.

JUIN. — *Devoirs de charité.* — Devoirs de bienveillance. La bienfaisance. Différentes formes de la bienfaisance. — Dévouement, forme suprême de la charité.— Nombreux exemples.— Montrer qu'il peut trouver place dans la vie de tous les jours. — Devoirs envers Dieu.

JUILLET-AOUT. — Révision générale.

III. — EMPLOI DU TEMPS.

L'emploi du temps est le complément obligé de toute organisation pédagogique ; il est aussi nécessaire que les programmes. Savoir ce que l'on a à faire ne suffit pas ; il faut encore savoir à quel moment on doit le faire, quel temps il convient d'y consacrer. Tous, tant que nous sommes, nous avons nos préférences, nos aptitudes spéciales. Nous nous arrêtons volontiers sur certaine matière que nous affectionnons plus particulièrement, et bien malgré nous, nous y sacrifions les autres enseignements. L'un aime l'arithmétique ; pour peu que ses élèves secondent son inclination, il prolonge indéfiniment sa leçon de calcul, au détriment des exercices qui doivent suivre ; un autre estime que ses élèves doivent savoir suffisamment lire et écrire avant de pouvoir aborder l'étude des autres matières, et alors il condamne ces pauvres petits enfants à lire, du matin au soir, d'interminables pages, pour eux vides de sens, ou à faire de longues copies de mots et de phrases, qui ne se distinguent que par le nombre considérable de fautes dont elles sont émaillées. A quoi tient ce désordre ? Uniquement à ce que le maître n'a pas rigoureusement déterminé à l'avance la part qui doit être faite à chaque matière.

La nécessité d'un emploi du temps est tellement évidente qu'il nous paraît superflu d'insister davantage. Examinons plutôt quelles qualités il doit remplir pour concourir au succès de l'enseignement et à la bonne direction d'une école. — La répartition des exercices doit satisfaire aux conditions générales ci-après déterminées :

I. — Chaque séance doit être partagée en plusieurs exercices différents coupés par les récréations réglementaires.

II. — Les exercices qui demandent le plus grand effort d'attention, tels que les exercices d'arithmétique, de grammaire, de rédaction, seront placés de préférence le matin, ou, dans les écoles de demi-temps, au commencement de la classe.

III. — Toute leçon, toute lecture, tout devoir, sera accompagné d'explications orales et d'interrogations.

IV. — La correction des devoirs et la récitation des leçons ont lieu pendant les heures de classe auxquelles se rapportent ces devoirs et ces leçons. Dans la règle, les devoirs sont corrigés au tableau noir en même temps que se fait la visite des cahiers. Les rédactions sont corrigées par le maître en dehors de la classe.

V. — Les trente heures de classe par semaine (non compris le temps que les élèves peuvent consacrer, soit à domicile, soit dans les études surveillées, à la préparation des devoirs et des leçons) devront être réparties d'après les indications suivantes :

1• Il y aura, chaque jour, dans les deux premiers cours, une leçon qui, sous la forme d'entretien familier, ou au moyen d'une lecture appropriée, sera consacrée à l'instruction morale. Dans le cours supérieur, cette leçon sera, autant que possible, le développement méthodique du programme de morale.

2° L'enseignement du français (exercices de lecture, lectures expliquées, leçons de grammaire, exercices orthographiques, dictées, analyses, récitations, exercices de composition, etc.) occupera tous les jours environ deux heures.

3• L'enseignement scientifique occupera en moyenne, et suivant les cours, de une heure à une heure et demie par jour, savoir : trois quarts d'heure ou une heure pour l'arithmétique et les exercices qui s'y rattachent, le reste pour les leçons de choses et les premières notions scientifiques.

4° L'enseignement de l'histoire et de la géographie, auquel se rattache l'instruction civique, comportera environ une heure de leçon tous les jours.

5• Le temps consacré aux exercices d'écriture proprement dits sera d'une heure au moins par jour dans le cours élémentaire et se réduira graduellement, à mesure que les divers devoirs dictés ou rédigés pourront en tenir lieu.

6° L'enseignement du dessin, commencé par des leçons très courtes dès le cours élémentaire, occupera dans les deux autres cours deux ou trois leçons chaque semaine.

7° Les leçons de chant occuperont de une à deux heures par semaine indépendamment des exercices de chant, qui auront lieu tous les jours à la rentrée et à la sortie des classes.

8° La gymnastique, outre les évolutions et les exercices sur place qui peuvent accompagner les mouvements de classe, occupera tous les jours ou au moins tous les deux jours une séance dans le courant de l'après-midi.

En outre, dans les communes où les bataillons scolaires sont constitués, les exercices de bataillon ne pourront avoir lieu que le jeudi et le dimanche ; le temps à y consacrer sera déterminé par l'instructeur militaire, de concert avec le directeur de l'école.

9° Enfin, pour les garçons, aussi bien que pour les filles, deux ou trois heures par semaine seront consacrées aux travaux manuels.

(Arrêté du 18 Janvier 1887, art. 19).

Le temps consacré chaque jour aux exercices physiques doit être de deux heures sur lesquelles on réservera à la gymnastique une demi-heure au moins pour les enfants au dessous de dix ans, trois quarts d'heure au moins pour les enfants au-dessus de dix ans. Ce temps serait avantageusement réparti en deux séances. Les travaux manuels, pas plus que les exercices militaires spéciaux (maniements d'armes), ne pourront être considérés comme leçons de gymnastique.

(Arrêté du 8 août 1890).

Une condition, très importante au point de vue disciplinaire, et qu'un bon emploi du temps doit remplir, c'est qu'il soit rédigé de telle sorte que les trois cours soient constamment occupés, en employant le moins possible de moniteurs. Mais il faut bien s'entendre sur ce point. Si les élèves des cours Moyen et Élémentaire peuvent, sans inconvénient, se livrer à un travail personnel de quelque durée, il va sans dire que l'on ne considèrera jamais comme un exercice l'usage qui consiste à laisser des heures entières les petits enfants se morfondre sur leur livre de lecture. Mieux vaut qu'ils fassent peu sous la conduite d'un aide, que d'être ainsi abandonnés à eux-mêmes. Ils doivent recevoir, comme les divisions supérieures, leur part des soins directs de l'Instituteur.

Mais occuper constamment tous les élèves de manière qu'ils ne s'ennuient pas et ne troublent pas le bon ordre des exercices est un problème difficile à résoudre, surtout dans une école à classe unique. On a essayé de surmonter la difficulté par le moyen des leçons collectives. Ce moyen n'est pas une solution. Les programmes, pour une même matière, sont différents pour chaque cours, et quelque précaution que puisse prendre le maître, ses leçons ne s'adapteront pas complètement au degré d'instruction de ses élèves : un enfant de six à sept ans n'est pas apte à recevoir l'enseignement qui s'adresse à un élève du cours moyen. Les leçons collectives sont très difficiles à faire ; outre une préparation minutieuse, elles exigent une habileté et un talent tout particulier, que le maître, — pourquoi ne pas l'avouer, — ne possède pas toujours. Les seules matières qui, à notre avis, peuvent donner lieu à des leçons communes sont : l'écriture le dessin, la morale, la gymnastique, le chant, la couture

Les matières de l'enseignement, n'ayant pas la même importance, ne sauraient avoir une part égale du temps et des forces du maître. Il y a entre elles « un dividende à établir, un coefficient à rouver, un juste équilibre à maintenir. » (Brouard). Un bon emploi du temps doit donner à chacune le temps qui lui revient, en raison de son importance ou de sa difficulté. On ne saurait donc admettre que chaque matière revînt chaque jour occuper une partie des 6 heures des classe.

Sans doute, l'esprit volage des enfants, la facilité avec laquelle ils oublient ce qu'on leur a appris, imposent la nécessité de revenir sans cesse sur le même sujet. Néanmoins cette raison est insuffisante pour justifier l'adoption d'un emploi du temps quotidien.

L'enfant du cours préparatoire a plus besoin de lecture, d'écriture et de calcul, que d'histoire, de géographie ou de sciences. Il doit d'abord apprendre à lire, à écrire et à compter, afin d'être, le plus tôt possible, en état de travailler seul ; trois ou quatre leçons de lecture, deux ou trois de calcul, lui sont donc indispensables chaque jour, tandis que la leçon d'histoire, qui n'est pour lui qu'une leçon d'initiation, pourra ne revenir que deux ou trois fois par semaine. D'autre part, pour les élèves du cours moyen, trois ou quatre leçons de lecture par semaine suffiront, tandis que l'enseignement du français, celui du calcul, etc., devront leur être donnés chaque jour.

Du reste, un emploi du temps quotidien conduirait à un fractionnement exagéré des heures de classe, à un morcellement, à un éparpillement déplorable des divers enseignements. Les leçons seraient aussitôt suspendues que commencées. Faire des coupures de quinze, de dix minutes, c'est exagéré ; retenir les élèves sur une leçon *pendant une heure* ne vaut guère mieux ; entre ces deux excès, il faut garder une juste mesure. D'une manière générale, la durée des leçons doit être proportionnée aux forces physiques et intellectuelles des élèves ; elle ne doit pas dépasser vingt à trente minutes dans le cours préparatoire, trente minutes dans le cours élémentaire, quarante à quarante-cinq minutes dans le cours moyen.

Mais quelle que soit la durée des exercices, l'ordre dans lequel ils se succèderont ne saurait être indifférent. Ils doivent être combinés de manière que celui qui suit repose de celui qui précède. Une leçon orale suit un devoir écrit ; un exercice assis succède à un exercice debout un exercice facile, à un exercice difficile, ayant exigé une certaine tension d'esprit ; une marche, un mouvement, à une longue immobilité.

Telles sont les qualités d'un bon emploi du temps.

La circulaire ministérielle du 18 novembre 1871 reconnaît aux Instituteurs le droit de dresser, outre un programme d'enseignement, un emploi du temps en harmonie avec ce programme ; elle laisse à chacun d'eux le soin d'approprier ce plan d'études et cet emploi du temps aux besoins particuliers de son école, sous la réserve du contrôle et de l'approbation de l'Inspecteur primaire. L'article 18 de l'arrêté du 18 janvier 1887 porte : « Au commencement de chaque année scolaire, « le tableau de l'emploi du temps par jour et par heure est dressé par « le directeur de l'école, et après approbation de l'Inspecteur pri- « maire, il est affiché dans les salles de classe. »

Etablir un tableau d'emploi du temps est une tâche délicate et difficile, qui exige de l'expérience. Dans l'espoir d'être utile aux instituteurs et aux institutrices, nous avons dressé différents modèles pour les écoles à classe unique. Ces tableaux sont suivis dans nombre d'entre elles ; c'est pourquoi nous ne croyons pas nécessaire de les reproduire ici (1).

Si la nécessité d'un emploi du temps est évidente, il est non moins évident qu'en ce qui concerne son application, on ne saurait prétendre « que le timbre de l'horloge doive brusquement et impitoyablement interrompre un exercice dont l'achèvement demanderait quelques minutes de plus. Un emploi du temps est un souverain, soit ; mais il ne saurait être un tyran. Dans nos leçons, portons de temps en temps nos regards, d'une part, sur notre programme, de l'autre, sur notre pendule ou sur notre montre ; mais ne nous faisons pas esclaves au point de ne nous permettre ni une digression, ni un développement que nous croirions nécessaires ou simplement utiles. » (E. Brouard)

En l'espèce, trop de rigueur serait hors de saison.

---

(1) Ces tableaux sont en vente à la librairie Poiré-Choquet.

IV. — MATÉRIEL D'ENSEIGNEMENT

Le matériel obligatoire d'enseignement de toute école primaire élémentaire est déterminé par le Décret ci-après du 29 janvier 1890.

Section 1re

MATÉRIEL DE CLASSE A USAGE COLLECTIF

Art. 1er. — Dans toute école primaire élémentaire publique, le matériel obligatoire d'enseignement à usage collectif comprend :

Un tableau noir avec ses accessoires,

Une bibliothèque-armoire pour le dépôt des cahiers, des livres, des documents administratifs et des fournitures scolaires ;

Un tableau de Système métrique ;

Une carte murale de France ;

Dans les écoles de filles, l'étoffe nécessaire à l'enseignement élémentaire de la couture.

Art. 2. — Pour les écoles autres que les écoles primaires élémentaires, créées et entretenues facultativement par les communes, mais avec le concours de l'Etat, le matériel d'enseignement faisant partie des dépenses obligatoires pour lesquelles sont contractés les engagements prévus par le décret du 3 février 1888 et par l'article 5 de la loi du 19 juillet 1889 est fixé conformément au tableau ci-dessous :

ÉCOLES MATERNELLES ET CLASSES ENFANTINES

Des collections de jouets, d'images, de bâtonnets, lettres, cubes et autres objets nécessaires pour les petits exercices, jeux et travaux manuels connus sous le nom de « méthode Frœbel, » :

Deux tableaux noirs, dont un quadrillé ;

Des ardoises à deux faces, dont une quadrillée ;

Une méthode de lecture en tableaux ;

Un boulier ;

Un sifflet, un diapason.

Art. 4. — Au matériel obligatoire indiqué dans les articles ci-dessus toute commune peut ajouter ceux des appareils d'enseignement dont l'introduction et l'usage auront été approuvés par l'Inspecteur d'académie.

MATÉRIEL D'ÉTUDE A USAGE INDIVIDUEL

Art. 7. — Dans les écoles primaires élémentaires, tout élève doit être muni au minimum des objets classiques ci-après énumérés

1° Le cahier de devoirs mensuels prévu par l'article 15 du règlement organique du 18 janvier 1887 ;

2° Les objets de papeterie nécessaires pour qu'il puisse prendre part régulièrement à tous les exercices et devoirs écrits que comporte le programme de sa classe ;

3° En outre :

Dans le cours élémentaire (6-8 ans) :
Une ardoise ;
Un premier livre de lecture.
Dans le cours moyen (9-10 ans) :
Des cahiers pour les devoirs journaliers ;
Un livre de lectures courantes approprié au programme du cours moyen.
Une grammaire élémentaire avec exercices ;
Une arithmétique élémentaire ;
Un petit atlas élémentaire de géographie ;
Un livre d'histoire de France.
Dans le cours supérieur (11-12 ans) :
Des cahiers pour les devoirs journaliers ;
Un livre de lectures courantes approprié au programme du cours supérieur ;
Une grammaire française avec exercices ;
Une arithmétique ;
Un livre d'histoire de France ou d'histoire générale conforme au programme ;
Un livre d'instruction morale et civique.

Section IV.

FOURNITURES SCOLAIRES.

Art. 8. — Dans les communes où la gratuité des fournitures scolaires n'est pas assurée par le budget municipal, l'acquisition des objets énumérés à l'article 7 est à la charge des familles.

Les ressources provenant de la caisse des écoles et la subvention de l'État inscrite au budget du ministère de l'instruction publique pour venir en aide à ces établissements seront affectés en premier lieu à la fourniture gratuite des livres aux élèves indigents.

Art. 9. — Dans tous les cas où un conseil municipal inscrit à son budget des crédits destinés à assurer la fourniture gratuite des livres de classe, soit aux élèves indigents, soit à tous les élèves, il appartient à l'inspecteur d'académie de désigner, sur la proposition des instituteurs, parmi les livres qui figurent sur la liste départementale, ceux à l'acquisition desquels ces crédits seront affectés.

Cette disposition est applicable au cas où les caisses des écoles fournissent gratuitement des livres aux élèves indigents.

1° Livres Classiques.

Il appartient aux instituteurs et aux institutrices de choisir les livres classiques qu'ils désirent mettre entre les mains de leurs élèves ; mais ce choix est limité aux ouvrages figurant sur la liste départementale, établie conformément aux prescriptions suivantes de l'arrêté du 18 janvier 1887.

Art. 20. — Il est dressé chaque année, et dans chaque département, une liste des livres reconnus propres à être mis en usage dans les écoles primaires publiques.

Art. 21. — A cet effet, les instituteurs et institutrices titulaires de chaque canton, réunis en conférence spéciale, établissent au plus tard dans la première quinzaine du mois de juillet, une liste des livres qu'ils jugent propres à être mis en usage dans les écoles primaires publiques.

Art. 22. — Toutes les listes ainsi dressées sont transmises à l'inspecteur d'Académie. Une Commission siégeant au chef-lieu du département et composée des inspecteurs primaires, du directeur et de la directrice des écoles normales et des professeurs et maîtres délégués de ces établissements, réunis sous la présidence de l'inspecteur d'Académie, révise les listes cantonales et arrête, pour le département, le catalogue, qui est ensuite soumis à l'approbation du Recteur de l'Académie.

2° Cahiers

Les principaux cahiers en usage dans la plupart des écoles sont : le *cahier-journal*, le *cahier de devoirs mensuels*, le *cahier de roulement*, les *cahiers de dessin et d'écriture*.

Cahier-journal. — C'est le principal de l'école, celui qui reçoit journellement les différents devoirs de l'élève, en suivant l'ordre dans lequel ils sont donnés. L'instituteur doit veiller à ce qu'il soit tenu proprement, exiger que les devoirs soient disposés avec goût et bien écrits. Un bon cahier-journal porte non seulement la marque du travail personnel de l'élève, mais aussi celle des observations et des corrections du maître.

La date est indiquée chaque matin de la manière suivante :

Vendredi 12 novembre 1899.

L'élève écrit au-dessous la mention : *Classe du matin.* Les devoirs de la journée sont séparés les uns des autres par un trait simple à l'encre ; ceux de deux séances, par un trait à l'encre rouge ; ceux de deux journées consécutives, par un trait double sur toute la largeur de la page.

Le dernier devoir de la matinée est suivi sur le milieu de la ligne de la mention : *Classe du soir.*

La nature de chaque devoir (calcul, orthographe, rédaction, etc.), est écrite en cursive, par les élèves des cours préparatoire et élémentaire ; en cursive, en ronde ou en bâtarde, par ceux des cours moyen et supérieur.

Les cahiers finis, placés pour chaque élève dans une chemise spéciale, sont conservés jusqu'à la fin de l'année scolaire.

Cahier de devoirs mensuels. — L'introduction de ce cahier dans les écoles remonte à 1882. L'article 13 de l'arrêté du 27 juillet 1882, devenu l'article 15 de l'arrêté du 18 janvier 1887, porte, en effet, que :

« Chaque élève, à son entrée à l'école, recevra un cahier spécial qu'il devra
» conserver pendant toute la durée de sa scolarité Le premier devoir de chaque
» ordre d'études sera écrit sur ce cahier par l'élève, en classe et sans secours
» étranger, de telle sorte que l'ensemble de ces devoirs permette de suivre la
» série des exercices et d'apprécier les progrès de l'élève d'année en année. Ce
« cahier restera déposé à l'école. »

Une circulaire ministérielle du 25 août 1884 fait connaître les vues
de l'administration supérieure sur cette innovation et montre qu'elle
offre, entre autres avantages, ceux : « d'habituer les élèves et leurs
« parents à mesurer les progrès de chaque enfant par comparaison
« non avec les autres, mais avec lui-même, de manière à proportion-
« ner le mérite, non pas au succès, mais à l'effort ; d'habituer les
« maîtres à s'assurer périodiquement si la classe tout entière et non
« pas seulement l'élite de la classe suit bien le programme et profite
« bien des leçons dans toutes les parties de l'enseignement. »

M. le Ministre laisse aux instituteurs une certaine latitude en ce qui
concerne l'exécution ; mais il tient à ce que le cahier présente, sinon
exactement un devoir par mois dans tous les genres d'exercices scolaires, du moins un nombre de spécimens suffisant pour permettre
d'apprécier, au cours de l'année, à cinq ou six dates différentes, les
progrès de l'élève dans chaque ordre d'études. »

Cette circulaire règle en outre comme il suit le mode de correction
des devoirs :

« Il importe que les devoirs soient corrigés à la marge par les instituteurs et
» qu'ils portent une note qui pourrait être, pour la facilité des comparaisons,
» exprimée par un chiffre de 1 à 10. ».

Malgré son caractère obligatoire, le cahier mensuel n'avait pas
encore pénétré dans toutes les écoles en 1886.

De nombreuses critiques avaient été présentées concernant le nombre, la nature et la périodicité des devoirs, l'insuffisance du cahier,
les formules imprimées en tête et au bas de chaque page, la réglure
du papier.

La circulaire du 31 août 1887 règle tous ces points.

D'après l'arrêté du 24 juin 1888, les candidats au certificat d'études
primaires peuvent présenter à la commission, à titre de renseignements, un cahier de devoirs mensuels.

Aux termes d'une circulaire du 30 juin 1890, le soin avec lequel les
intéressés tiennent ce cahier est un des éléments d'appréciation de
leurs mérites professionnels et de leurs titres à une récompense.

Enfin, pour les mesures d'exécution, la circulaire du 15 janvier 1895
laisse aux Instituteurs la plus grande liberté.

« Il me paraîtrait dangereux, — dit M. le Ministre, — d'imposer l'uniformité dans
la manière de tenir ce cahier, dans le nombre, la forme ou la date des devoirs à

y faire figurer, dans le mode de correction, dans la rotation des matières, etc. Je ne fais aucune objection à ce que le *cahier* dit *de devoirs mensuels* soit employé comme *cahier de compositions* là où les maîtres le croient possible, à ce qu'il contienne seulement un devoir par mois ou un par quinzaine, à ce qu'il soit accompagné ou de corrections sommaires ou d'annotations détaillées, ou d'un classement des élèves par ordre de mérite suivant le système que le maître croira devoir préférer. Une chose importe, et c'est la seule : qu'il existe dans toute école et pour tout enfant sans exception un cahier gardé avec soin, qui, d'une manière ou d'une autre, et par un nombre suffisant de spécimens empruntés aux diverses époques de sa scolarité, puisse fournir au bout de quelques années une preuve irrécusable de la régularité de ses études, la trace de sa propre assiduité ou de ses absences et, par conséquent, la meilleure des réponses de l'instituteur aux familles qui peuvent demander compte à l'école?de ce que leurs enfants y ont fait et en ont emporté. »

Est-il nécessaire d'ajouter que les cahiers mensuels doivent être soigneusement tenus, la date de naissance des élèves, celle de leur entrée en classe, exactement indiquées sur la couverture et à la première page du cahier, qu'il est préférable de faire faire un devoir par semaine, au jour, à l'heure et dans les limites de temps fixés à l'emploi du temps. La correction a lieu le plus tôt possible.

Si un élève est absent le jour où le devoir est donné, il en est fait mention sur le cahier, au-dessous de la date.

Les cahiers ne sont remplacés que lorsqu'ils sont entièrement terminés.

Cahier de roulement. — « C'est un cahier où chaque jour un élève différent inscrit les devoirs de la journée. Un coup d'œil sur ce cahier permet à la fois de voir si le programme est bien suivi, si les sujets de devoirs et de leçons s'enchaînent bien et, en même temps, si les différents élèves sont à peu près, sinon de même force, du moins de force à suivre, chacun avec fruit, le cours fait pour tous. C'est en quelque sorte le journal de la classe fait par la classe elle-même, c'est le témoin des efforts du maître et de ceux des élèves, le livre où s'inscrivent en quelque sorte automatiquement, jour par jour, les résultats réels de l'application du programme, jugés, non d'après un élève choisi, mais d'après la classe tout entière. »

(Circ. du 15 janvier 1895.)

Les exercices sont disposés dans le cahier de roulement comme dans le cahier-journal (1).

Cahiers de dessin et d'écriture. — Voir à ce sujet la répartition de ces matières.

---

(1) A la Librairie Poiré-Choquet { 1º Cahier de roulement Molesquine. 0,40 net.
2º Cahier de roulement Gallia . 0,25 net.
Ces cahiers se recommandent par la solidité et par la supériorité du papier.
Pour la propreté et la bonne conservation des *cahiers mensuels* et de *roulement* nous recommandons l'usage du *protège-cahiers* souple et indéchirable (4 fr. le cent à la librairie Poiré-Choquet).

3° Cartes, Tableaux, Objets divers.

Mais les livres et les cahiers ne suffisent pas. Ce que l'enfant retient le mieux, c'est ce qu'il voit. Le maître a donc besoin pour ses leçons de cartes, de tableaux, d'objets, etc., d'un matériel, en un mot, qui lui permette de donner un enseignement pratique, concret, et, par suite, profitable. Mais ce matériel coûte cher et trop souvent les ressources sont restreintes. On se procure à grand'peine une carte ou deux. Quant à l'acquisition de tableaux historiques et scientifiques, il n'y faut point songer. Il convient donc d'avoir recours à d'autres moyens pour se procurer l'outillage nécessaire.

Dans la plupart des écoles, on trouve un boulier-compteur .Cet objet n'est pas absolument indispensable. Des buchettes, des haricots rendent les mêmes services. Pour l'enseignement du système métrique, il est indispensable d'avoir recours aux mesures réelles, mais un compendium métrique est d'un prix relativement élevé. La Municipalité ne se résoudra peut-être que difficilement à inscrire au budget les 60 ou 80 francs nécessaires pour en faire l'achat, tandis qu'elle n'hésitera sans doute pas à en accorder la moitié. Eh bien! il faut faire de ces 30 ou 40 francs le meilleur usage possible, c'est-à-dire acheter, non un compendium complet, mais les objets absolument indispensables, ne prendre d'abord qu'une série des mesures de capacité, ou une série des mesures de poids, si on ne peut faire plus. Les années suivantes, on complètera. — Est-il nécessaire de rappeler qu'il est très facile de fabriquer un mètre carré divisé en cent décimètres carrés, de découper dans un morceau de carton les principales surfaces (carré, rectangle, triangle, etc.), de confectionner les principaux solides géométriques ?

Pour l'enseignement historique, il faut des cartes et des gravures. Les meilleures cartes sont celles qui ne donnent que l'essentiel, qui élaguent toutes les inutilités, qui sont dessinées par le maître au tableau noir. Restent les gravures. Comment se les procurer ? — Faire appel à la Municipalité ? On risque de ne pas aboutir. Ici encore, le maître ne doit compter que sur son initiative pour vaincre la difficulté ; il peut se procurer chez un libraire, pour une somme insignifiante, une collection de couvertures de cahiers représentant les principaux personnages, les faits historiques dont il doit entretenir ses élèves. Il ne lui restera ensuite qu'à coller ces images sur des cartons et les appendre aux murs de l'école. Qui lui procurera ces cartons ? Les élèves. C'est pour eux qu'il travaille, c'est pour leur profit intellectuel qu'il réunit ces collections, il est légitime qu'il leur demande de lui venir en aide. Aucun ne s'y refusera. — La confection d'un tableau indiquant les dates des principaux évènements historiques ne présente aucune difficulté. Il suffit d'une feuille de papier noir et d'un morceau de craie.

Les cartes géographiques — plan de la commune, cartes du canton, de l'arrondissement, du département, — peuvent être faites par tous les maîtres. Dessinées à la craie, sur papier noir (1), elles n'exigent qu'une minime dépense

Les tableaux d'histoire naturelle sont indispensables pour l'enseignement scientifique et ont leur place marquée dans toutes les classes à côté du musée scolaire. Ici encore l'Instituteur peut avoir recours aux couvertures de cahiers; il se formera ainsi une collection de tableaux à bon marché qui lui rendront les meilleurs services.

D'autre part, il lui est encore relativement facile de fabriquer les appareils les plus simples ou du moins de se procurer quelques objets qui lui serviront à faire de petites expériences destinées à rendre ses leçons de sciences plus claires et plus compréhensibles.

Un bon maître peut ainsi s'outiller à peu de frais; il lui suffit de le vouloir.

V. — PRÉPARATION DE LA CLASSE.

Il n'y a pas de bonne leçon, si simple soit-elle, sans une sérieuse préparation. — L'Instituteur doit enseigner tour à tour, — et souvent dans la même journée, — toutes les branches du programme, passer, sans transition aucune, d'une leçon à une autre, veiller au développement intellectuel et moral de tout un petit monde d'intelligences diverses. En présence d'une telle tâche, conçoit-on qu'il puisse entrer dans sa classe sans s'être demandé ce qu'il y va faire, qu'il attende que ses élèves aient les regards fixés sur lui pour décider de quel sujet il va les entretenir, qu'il espère les intéresser, les amener à le suivre et à le comprendre, en se livrant à la seule inspiration du moment ?

Quand un travail est aussi compliqué et aussi délicat que celui de l'école primaire, il est nécessaire d'y réfléchir à l'avance, de lui donner une forme aussi précise que possible, de placer des jalons sur la route à parcourir, de le préparer, en un mot, dans tous ses détails.

Certains Instituteurs, — des mieux intentionnés, — disent et croient qu'ils en savent assez pour donner un bon enseignement aux jeunes enfants qui leur sont confiés. C'est une erreur profonde. Il ne suffit pas d'avoir des connaissances pour faire une bonne classe; il faut les présenter aux élèves d'une façon profitable.

Pour atteindre ce but, le maître doit apporter un soin tout particulier à la forme de ses leçons, en déterminer nettement les limites,

---

(1) Les Maîtres trouveront ce papier noir à la Librairie Poiré-Choquet, au prix de 1 fr. 50 le rouleau de 10 mètres.

posséder son sujet de manière à le dominer, à n'éprouver, en face des élèves, ni hésitation, ni trouble, ni défaillance. Faute d'une préparation préalable, ses explications seraient embarrassées, vagues, superficielles; parfois aussi l'expression convenable, celle qui ferait impression sur l'esprit des enfants, le fuirait obstinément, et il s'exposerait à montrer son embarras ou son insuffisance à son jeune auditoire, toujours exigeant, souvent impitoyable.

On lui recommande instamment d'éveiller la curiosité des enfants, de faire en sorte qu'ils osent l'interroger, le questionner sur tout ce qu'ils ignorent. Ce sont là de sages conseils, qu'il ne saurait mettre en pratique qu'à la condition d'être toujours en mesure de faire à leurs questions des réponses nettes et claires.

Une classe bien préparée se fait avec aisance et profit. Tout est prévu, ordonné, réglé; tout se fait quand et comme on le doit, sans tâtonnements, ni hésitation.

C'est la condition *sine qua non* du succès en enseignement.

Mais quelle forme doit revêtir cette préparation ? Nous n'en connaissons pas de plus fructueuse *que celle* d'un *carnet spécial*. On se fait à tort un épouvantail de la tenue de ce carnet. C'est, au contraire, à nos yeux, l'auxiliaire le plus utile d'un bon maître. « N'est-ce pas faciliter la préparation de la classe et la rendre plus fructueuse que de demander aux maîtres de prendre quelques notes, quand ils préparent leur travail du lendemain, de consigner, en quelques lignes, les réflexions que telle ou telle partie de leur préparation leur a suggérées, de marquer les points les plus importants de la leçon qu'ils se proposent de faire ? Est-ce vraiment un surcroît de travail qu'il faille faire entrer en ligne de compte ? Ce qui est long et difficile, c'est de préparer sérieusement une classe; quant à prendre des notes, à écrire quelques lignes, une page au besoin, cela peut se faire tout en lisant et la peine que cela donne est compensée et au-delà par l'aisance avec laquelle on se meut le lendemain parmi les nombreux exercices de la classe, par la facilité avec laquelle on trouve la remarque appropriée, l'expression forte et l'explication exacte. Le corps et l'esprit, sans parler de l'enseignement, tout y gagne.

. . . . . On ne peut pas tout dire et tout expliquer dans une leçon ; le temps manquerait à qui voudrait l'entreprendre. Il faut donc savoir se borner et savoir faire un choix. Or, quand même ce choix serait fait à l'avance, si un signe matériel ne vient pas rappeler à chaque instant l'instituteur à la tâche qu'il s'est tracée, il est bien à craindre qu'entraîné par son zèle, par les questions qu'on lui adresse, par les mille accidents d'une classe, il ne s'égare et ne se sépare de ses élèves sans avoir fait sa classe comme il avait résolu. Voilà pourquoi, à une préparation mentale, qui, quoi qu'on fasse, reste toujours vague et flottante et laisse trop au hasard, nous préférons une préparation écrite et consignée dans un journal de classe. »

. . . . D'autre part, un directeur d'école a le devoir de contrôler et de diriger le travail de ses adjoints ; comment le pourra-t-il aussi utilement qu'il est nécessaire s'il n'a pas sous les yeux une preuve écrite du soin que mettent ses auxiliaires à se conformer à ses conseils et à sa direction ? Il les verra à l'œuvre, dit-on ; mais un directeur d'école ne peut pas être partout, et, dans l'intérêt de tous, ne vaut-il pas mieux qu'il donne des avertissements et fasse des observations avant la classe que pendant ou après ? Un adjoint qui ne tient pas avec soin un journal de classe est comme un voyageur qui partirait pour un long voyage sans s'être muni de provisions : il sera obligé de se les procurer en route, au jour le jour ; il arrivera tard ou bien n'arrivera pas. » (E. Jacoulet. *Dictionnaire de pédagogie*.)

Nous pensons donc que le carnet de préparation de classe peut rendre d'utiles services à tous les instituteurs.

Quelles indications doit-il contenir ?

Un carnet bien tenu doit présenter chaque jour, sous une forme nette et concise, l'indication des différents exercices avec les commentaires et les explications qu'ils comportent (plans de leçons, lectures à faire, maximes, cartes à tracer. objets à montrer, resumés à dicter, devoirs d'application, etc.)

Est-il nécessaire d'ajouter que ces commentaires ne reçoivent pas des développements égaux, qu'il convient de se garder des détails exagérés, qu'il est absolument inutile de copier in-extenso sur le carnet tous les devoirs qu'on se propose de donner dans la journée ? On doit se borner, le plus souvent, « à des notes sommaires, mais substantielles, de nature à guider, à diriger, à prévenir les oublis, les recherches intempestives et les pertes de temps qui en résulteraient, de nature aussi à assurer la marche ferme et continue de la classe. » (E. Brouard) (1).

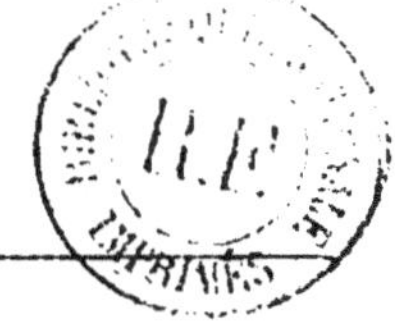

---

(1) On trouve à la Librairie Poiré-Choquet un carnet préparé pour *Journal de classe*, en harmonie avec l'emploi du temps et avec les divisions mensuelles des programmes. Ce carnet, dressé par M. Stal. peut contenir la préparation de la classe pour toute l'année scolaire, les résultats des Compositions et des Notes spéciales. — Prix 1 fr. 75.

TABLE DES MATIERES

Education morale

LIBRAIRIE ET PAPETERIE CLASSIQUES

Mobilier scolaire, Reliure, Abonnements aux Journaux pédagogiques

ARTICLES DE DESSIN, REGISTRES, FOURNITURES DE BUREAU, IMPRESSIONS

Maison TOULMÉ-LEROI

POIRÉ-CHOQUET

Successeur

FOURNISSEUR-ADJUDICATAIRE DU DÉPARTEMENT DE LA SOMME
POUR LES BIBLIOTHÈQUES ET LE MATÉRIEL D'ENSEIGNEMENT ET DES ÉCOLES DE LA VILLE D'AMIENS
DES ÉCOLES NORMALES, DU LYCÉE ETC., POUR LES LIVRES, CAHIERS
ET AUTRES FOURNITURES SCOLAIRES

AMIENS — 5, Rue au Lin — AMIENS

CONDITIONS DE VENTE

Librairie. — Remise de 15 à 20 p. 0/0 sur les prix forts des ouvrages à l'usage des Elèves d'après les Catalogues des divers Editeurs. — Nous avons en magasin tous les ouvrages généralement suivis dans les écoles primaires, de sorte que nos clients sont toujours fournis dans le plus bref délai. Conditions habituelles par douzaines.

Papeterie. — Pour les commandes de 500 cahiers, il est accordé une **remise de 10 p. 0/0 en nature**, c'est-à-dire que nous donnons 550 cahiers pour 500. Les commandes par 1000 cahiers bénéficieront d'une **remise exceptionnelle de 15 p. 0/0**, soit 1150 cahiers p. 1000.

Les cahiers **couverture unie**, pris par 500 au moins, sont **imprimés gratuitement** au nom des clients qui en font la demande.

Expéditions FRANCO de Port et d'Emballage par Messager ou en Gare pour toutes les commandes au-dessus de 20 francs pour la Somme, de 35 francs pour les départements limitrophes et au-dessus de 50 fr. pour les autres départements.

Escompte de 3 0/0 pour les ventes au comptant. Les clients éloignés qui désirent profiter de l'escompte du comptant peuvent envoyer, dans le délai d'un mois *et à leurs frais*, un mandat-poste égal au montant de la facture moins 3 0/0.

CAHIERS D'ÉCOLIERS

Bien que les prix soient extrêmement réduits, tous les papiers employés à la fabrication de nos cahiers sont de bonne qualité, même dans les pâtes ordinaires. Il nous serait facile de diminuer encore les prix en diminuant la qualité ; mais nous ne pensons pas que nos clients désirent nous voir entrer dans cette voie.

On remarquera que nous avons supprimé le petit supplément de prix pour les réglures, **quadrillé, double ligne simple, double ligne avec pente, double ligne quadrillé, ou quadrillé-musique** : tout est ramené au prix de la réglure ordinaire **travers avec marge.**

REMARQUE : Toutes les réglures n'existent que dans les sortes en *pot* à à 2,75 et 3 fr. et en *couronne* 7 feuilles à 5.50 ; mais sur commande par 1000 nous pouvons faire n'importe quelle réglure dans la sorte préférée du client. Dans ce cas, prière de commander un mois à l'avance.

Il est urgent de bien indiquer le genre de réglure que l'on désire ou de joindre un petit échantillon à la commande. — Indiquer en outre le **nombre de feuilles** et le **prix** d'après le tarif ci-contre.

Afin de favoriser les petites écoles, nous faisons bénéficier des 10 0/0 ou des 15 0/0 les Instituteurs qui s'associent pour arriver au total de 500 ou 1000 cahiers, à condition que les commandes nous parviennent dans le même courrier et soient à expédier à une seule adresse.

PRIX-COURANT

DES PRINCIPALES SORTES DE CAHIERS

Nous fabriquons sur commande les sortes que nous n'avons pas en magasin, mais seulement pour les commandes par 1,000. — Un délai d'un mois est nécessaire.

Voir à la première page les avantages importants que nous accordons aux commandes de cahiers par 500 ou par 1000.

Cahiers Pot (19 × 15).

Prix du cent.

5 feuilles, 3 k., couverture illustrée ou demi-carte unie (réglure travers marge, double ligne ou quadrillé 5/5) ... **2** » »
5 feuilles, 4 k., couverture illustrée ou demi-carte unie   id. ... **2** 25
5 feuilles, 4 k., quadr. 7 7 couverture carte unie ou mince illustrée. ... **2** 50
5 feuilles, 4 k., couverture carte forte unie (toutes réglures). **2** 75
5 feuilles, 4 k., belle couverture carte chromo   id. . . . ... **3** » »

Cahiers Couronne (22 × 17).

7 feuilles, 5 k., couvert. demi-carte ou illustr. mince régl. trav. marge ... **3** 50
8 feuilles, 5 k., couverture mince illustrée ou demi-carte unie id. **4** 25
6 feuilles, 5 k., couverture carte chromo ou gravures, régl. quadr. 8/8 ... **4** 50
6 feuilles, 6 k., belle couverture chromo. . . . . id. . ... **5** » »
7 feuilles, 5 k., couverture chromo réglure trav. marge ou quad. 8/8) ... **5** » »
7 feuilles, 6 k., pâte supérieure carte forte (régl. spéciale recommandée) **5** 50
7 feuilles, 6 k., couverture chromo (sorte recommandée, toutes réglures) **5** 50
9 feuilles, 6 k., (bulle de Vidalon) couv. carte forte unie, quad. 8/8. ... **5** 50
8 feuilles, 6 k., belle couverture chromo, réglure travers marge **5** 50
10 feuilles, 5 k., belle couverture chromo, quadrillé 8/8. . . . . **7** » »
10 feuilles, 6 k., couverture chromo,   id. . . . . **8** » »
10 feuilles, 6 k., pâte supérieure et chromos fins (sorte recommandée, quadr. 8/8) ... **9** » »
12 feuilles, 6 k., pâte supérieure, couverture chromo. . . . . **10** » »
12 feuilles, 7 k., bulle vergé carte extra-forte régl. trav. marg° ou q. 8/8 ... **9** » »
15 feuilles, 6 k., (cahier école normale) couvert. carte unie, pâte sup. ... **10** » »

Piqûres Couronne (*Réglure travers marge ou quad. 8/8*).

16 feuilles, 5 k., blanc, couverture forte gaufrée ou marbrée . . . ... **12** » »
25 feuilles, 6 k., bulle fin, couverture carte unie . . . . **11** » »
25 feuilles, 6 k., velin blanc, couverture forte gaufrée, coins ronds. ... **22** » »
25 feuilles, 6 k., papier vergé supérieur, couv. Gallia ou molesquine. ... **25** » »

Piqûres Pot (*Réglure travers marge*)

10 feuilles, 4 k., couverture carte unie. . . . . **5** » »
16 feuilles, 4 k., couverture forte gaufrée . . . . **9** » »
25 feuilles, 4 k., couverture carte unie. . . . . **9** » »
25 feuilles, 5 k., vergé, couverture molesquine . . . . **20** » »

Cahiers de Roulement.

25 feuilles, 6 k., alfa, vergé de 1er choix, couvert. parchemin. *Gallia.* ... **25** » »
36 feuilles, 6 k., alfa, vergé de 1er choix, couverture molesquine souple ... **40** » »
36 feuilles, 6 k., velin blanc, couverture cartonnée annonay . . . ... **32** » »
60 feuilles, 6 k., vergé extra, cartonné, coins amateur. . . . . **80** » »

Cahiers mensuels (*Indiquer la réglure*).

Cours élémentaire, 32 pages, beau velin . . **9** » » en alfa vergé **12** » »
Cours moyen, 48 pages . . — . **12** » » — **16** » »
Cours supérieur, 64 pages . — . **15** » » — **20** » »

Corrigés Cartonnés,

Nous avons en magasin un grand choix de **Corrigés cartonnés** de tous formats et de tous les prix depuis 20 fr. jusqu'à 175 fr. le cent. — Fabrication spéciale et écusson de l'École ou du Pensionnat, sur commande, pour Cahiers et Corrigés.

Cahiers d'Écriture.

Cours Enfantin, d'Écriture, Lecture, Calcul, Dessin, par
    Châteaux et Legrand, en 10 cahiers, (recommandé) le cent . . .   6   50
Cahiers d'application des Carnets, Carton et Legrand   5   50
Cahiers d'Écriture Poiré-Choquet, sans modèles, réglures n°s 1, 3, 5.   5   50
Cahiers d'Écriture, modèle du Brevet, format pot   7   » »
Cahiers trois genres, procureur, extra-fort, couvert. carte unie   6   50
Cahiers d'Écriture, Armand Colin (sans modèle)   6   50
Méthodes Godchaux, Victorin, Reverdy, Dubus, Marchand, Renault,
    Guibal, etc.   6   50
Méthode nationale en 10 cahiers et Chef de l'Écriture. le cent   3   50

Cahiers de Dessin.

Cahiers de Dessin par R. Mathon (recommandés), le cent.   6   50
Jean Cousin et Premiers pas du Dessin, le cent   3   50
Écolier Parisien Armbruster, Delhomeau. Lacabe. François et
    Landa, Horsin-Déon, etc., le cent.   6   50

Plumes métalliques.

Choix considérable de plumes scolaires et de bureau des diffé-
    rentes fabriques, la boîte de 144 plumes, depuis. . . . . .   »   50

Porte-Plumes.

Porte-Plumes. qualité ordinaire, la douzaine . . . 15 : la grosse   1   25
   —   bonne qualité,   —   depuis 20; — .   1   80
Grand Choix de Porte-Plumes fantaisie, bois, caoutchouc, buis, os ou métal.

Crayons.

Crayons chinois, numéros 1, 2 et 3, et Crayons Poiré-Choquet
    numéros 1 et 2, la douzaine : O.30 . . . . . . la grosse.   3   50
Crayons Marquise, numéro 1 et 2 . . . . . . la douz. .   O   90
Crayons Gilbert, Faber, Conté, n°s 0, 1, 2, 3, 4 et 5 la douz. .   1   20
Crayons rouge et bleu, la douz., depuis O,50; sorte courante .   »   90
Pastels, couleurs assorties, la douzaine de boîtes, depuis. . . .   »   40
Crayons, couleurs assorties, la boîte de 12, sorte courante. . .   »   50

Règles ou Bâtonnets.

La douzaine . . . .   »   20
La grosse   2   » »
Règles vernies, ébène, ébène filet cuivre (suiv. gross^r et long^r) depuis .   O   10

Encre.

Poudre pour encre noire ou violette. le litre . . . .   »   30
   —   par 12 litres . . . .   »   20
Encre scolaire, en fût ou en cruchon, qualité excellente, le litre .   »   50
Encres de Bureau de toutes les marques par litre, demi-litres,
    quarts et huitièmes de litre, depuis, le litre   1   50
Encre de l'État-civil. — Encre à copier. — Encre autographique. —
    Encre à tampons avec huile ou sans huile.
Encres de couleurs rouge, bleue, violette, verte, etc.

Encriers.

En porcelaine, plomb, cuir bouilli, encriers Picard, Gédalge, etc., dep.   »   15
Encriers de poche et de bureau, grand choix, depuis. . . .   »   20

Ardoises.

Ardoises naturelles, ... nues 15 et 20; encadrées »   25
Ardoises factices unies, première qualité, petites » 08; grandes   »   12
   —   quadrillées une face   —   » 10   —   »   15

Crayons pour Ardoises.

Crayons naturels ronds en boîtes, le cent. . . . . . .   »   75
   —   factices   —   la grosse   1   50
   —   enchâssés dans le bois, la douzaine . . . . . .   »   35

Craie.

Craie naturelle, bâtons carrés, bonne qualité, la boîte . . . .   »   50
Craie-factice conique, couleurs assorties   1 50 blanche .   »   60

Papier buvard, qualité extra, la main . . . » **75** la rame . . **12** » »
             qualité ordinaire, la main . » **45** — . . **8** » »
Papier à Dessin, Ingres blanc et couleurs la main **1 50**
Papier à Dessin Canson, blanc, lavis, teinté, la main, depuis . **1** » »

<table>
<tr><td>

COMPAS SCOLAIRES

COMPAS

en BOITES ou en POCHETTES

ÉQUERRES & CHAINES D'ARPENTEUR

Règles, Équerres
Gommes, Fusains

ET AUTRES

ARTICLES POUR LE DESSIN

</td><td>

REGISTRES

POUR

Délibérations des Conseils Municipaux

TÊTES DE LETTRES

IMPRIMÉS DE TOUS MODÈLES

POUR

COMMUNES, BIBLIOTHÈQUES, ÉCOLES

</td></tr>
</table>

Carnet de Correspondance .	8 Francs *le cent.*		
Livret de Famille	10	—	—
Protèg. Cahier souple et indéchirable.	4	—	—

IMPRIMÉS POUR DEMANDES DE DEMI-PLACE
Le Cent 1 fr. 50.

Papier écolier, blanc, travers ou quadrillé. — Papier à lettre, grand format, format ordinaire. — Enveloppes.

PAPETERIES GENRES ANGLAIS OU FANTAISIE
Papier à Lettre pour la Nouvelle Année avec ou sans Fleurs

LIVRES CLASSIQUES

Voir les Conditions de Vente en tête du présent Prix-Courant

Grande spécialité de Livres de Prix et de Livres d'Étrennes

On trouvera dans nos Magasins un Assortiment complet d'Articles pour écoles et bureaux : **Buvards, Serviettes, Cartons, Registres, Tables scolaires** (Système Nisius et Savary) **Tableaux ardoisés, Chevalets, Cartes de Géographie, Globes Terrestres,** etc.

BUSTES DE LA REPUBLIQUE ET ARTICLES D'ILLUMINATIONS

DRAPEAUX — ÉCHARPES DE MAIRES OU D'ADJOINTS
Vues et Appareils pour Projections (*Demander le Catalogue spécial*).

Cartes de Visite depuis 1 franc le Cent.

www.ingramcontent.com/pod-product-compliance
Lightning Source LLC
Chambersburg PA
CBHW071311030726
47594CB00002B/383